SINGLE KÜCHE
GESUNDE UND FRISCHE KÜCHE FÜR WENIG GELD.

impressum

© 2010 by ALLPART MEDIA GmbH, Neue Grünstr. 18, 10179 Berlin

ISBN: 978-3-86214-003-9

Die Verwertung der Texte und Bilder, auch auszugsweise, ist ohne Zustimmung des Verlags urheberrechtswidrig und strafbar. Dies gilt auch für Vervielfältigungen, Übersetzungen, Mikroverfilmung und für die Verarbeitung mit elektronischen Systemen.

Konzeption und Realisierung: beebox werbeagentur, Baumgartenstr. 7, 79285 Ebringen unter Mitarbeit von Verona Zehelein (Design, Redaktion), Giovanna Crisafulli (Redaktion), Donald Theijs (Fotoregie, Lithografie, Projektleitung)

Rezept-Vorlagen: Oliver Schneider, Adalbertstr. 37-39, 60486 Frankfurt am Main

Fotografie Rezepte: Andreas Thumm, Kartäuserstr. 60, 79102 Freiburg im Breisgau

Fotografie Cover und Kapitel: Verona Zehelein (beebox), Donald Theijs (beebox)

Grafik-Illustrationen: Linotype GmbH, Werner-Reimers-Str. 2-4, 61352 Bad Homburg

Druck: Salzland Druck GmbH & Co. KG, Löbnitzer Weg 10, 39418 Staßfurt

Quellennachweis: Der Verlag hat die Textquellen gründlich recherchiert. Er bittet darum, eventuelle Ansprüche auf Abdruckrechte anzumelden. Dieses Werk enthält verschiedene Zitate und Textpassagen aus »Verflixt und zugemailt« von Kati Huhn und Tine Römer, erschienen 2009 im Eulenspiegel Verlag, Berlin.

*Ich denke – also bin ich.
Single!*

Liz Winsled

Vorwort von Oliver Schneider .... Seite 8

Frühling .... Seite 10

Sommer .... Seite 32

Herbst .... Seite 56

Winter .... Seite 82

Wissenswertes .... Seite 110

Saisonkalender .... Seite 116

Rezeptverzeichnis .... Seite 124

Als ich ihn einmal fragte, wovon er sich denn in seinen vorehelichen Zeiten ernährt habe, kam das Wort »Matsch«. Was so viel bedeutet, dass alles zusammen in die Bratpfanne kam, was der Küchenschrank (Kühlschrank war noch nicht) hergab: Kartoffeln, Ei, Ketchup, Salz, Brühwürfel, ab und zu mal ein Stück Wurst oder Käse.
Sehr lecker.

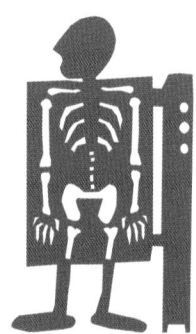

Kati Huhn & Tine Römer, aus: Verflixt und zugemailt, Eulenspiegel Verlag, Berlin 2009

*Man soll dem Leib
etwas Gutes bieten,
damit die Seele Lust hat,
darin zu wohnen.*

Winston Churchill

*T*ake-away beim Imbiss um die Ecke, die Pizza aus der Tiefkühltruhe oder der Bringdienst, dessen Nummer fest im Handy gespeichert ist – Indizien für die typische Menü-Karte eines Singles. »Zu wenig Zeit« und »das lohnt sich nicht für mich alleine« sind die häufigsten Begründungen. Dabei ist eine frisch gekochte Mahlzeit weder teurer, noch muss die Zubereitung besonders aufwändig sein.

Sich verwöhnen kann vieles bedeuten; für mich heißt es, sich vor allem gut und gesund zu ernähren. Kochen ist nicht nur Kunst und Leidenschaft, Kochen sollte selbstverständlich sein und gehört zum Alltag. Mit etwas Organisation, guter Laune und Lust auf frische Lebensmittel ist es ganz einfach, sich – wenn auch nicht täglich, aber immer öfter – etwas Gutes zu gönnen.

Bereits der Einkauf kann vom Alltag befreien. Für mich ist es ein wahres Vergnügen, über den Markt zu schlendern und mich von der Vielfalt und Frische regionaler Produkte zu neuen Kreationen inspirieren zu lassen. Denn vor allem bei der Qualität der Zutaten beginnt der Genuss: Knackiges Obst und Gemüse, aromatischer Käse und der Duft frischer Kräuter regen Sinne und Fantasie an. Wechseln Sie drei Worte mit der Marktfrau und dem Metzger ihres Vertrauens und seien Sie sich auch der Herkunft der Lebensmittel gewiss. Mit ausgesuchten Produkten ist die Zubereitung kein Hexenwerk; alle meine Rezepte lassen sowohl den Hobbykoch als auch den Anfänger in kurzer Zeit unkomplizierte aber dennoch raffinierte Gerichte zaubern.

Auch für den Single-Haushalt ist es empfehlenswert, immer eine kleine Grundausstattung an Zutaten zu haben. Ich koche vorwiegend mit Ghee, Olivenöl, Balsamico-

und Himbeeressig, Pinienkernen, Rosmarin und Basilikum im Topf sowie mit Gewürzen wie Muskat, Cayenne-Pfeffer, Curry, Pfeffer und Salz. Der Rest wie Fisch, Fleisch, Käse, Kräuter und Gemüse wird frisch nach Saison eingekauft. Denn die richtigen Lebensmittel zur richtigen Zeit sind nicht nur gesünder, sie schmecken besser und sind meist auch preiswerter. Dieses Kochbuch begleitet Sie durch die Jahreszeiten. In einer tabellarischen Übersicht finden Sie eine Auswahl an saisonalen Lebensmitteln.

Lassen Sie sich inspirieren! Kombinieren Sie die Gerichte und ergänzen Sie diese mit Ihren Lieblingsbeilagen – der eine liebt Kartoffeln, der andere Pasta, ein dritter schwört auf Reis. Lassen Sie Ihrer Fantasie freien Lauf und probieren Sie aus. Meine Passion, bewusst und gesund zu kochen, möchte ich mit dieser Auswahl an Rezepten an Sie weitergeben.

Die genannten Zutaten lassen sich auch in geringen Mengen einkaufen. Sowohl die Angaben der aufgeführten Zutatenmengen als auch die Zeitangaben sind selbstverständlich Anhaltswerte, da es unmöglich ist, auf das Gramm genau zu kochen – auch jeder Herd und Backofen hat so seine Tücken: Verlassen Sie sich ganz auf Ihren guten Geschmack.

In jedem steckt ein Künstler? Ich sage: In jedem steckt ein Koch!
In diesem Sinne wünsche ich Ihnen einen guten Appetit,

Ihr Oliver Schneider

Lieber einen bunten Teller als eine trübe Tasse.

Verfasser unbekannt

FRÜHLING

MINZE-SALAT
mit paniertem Ziegenkäse

150 g Ziegenfrischkäse
½ Kopf Blattsalat
1 Schalotte
1 Zehe Knoblauch
1 Ei
Paniermehl
1 Prise Muskatnuss
frischer Thymian
frische Minze
1 EL Himbeer-Essig
Tabasco-Sauce
3 EL Olivenöl
Ghee (siehe S.113)
Zucker
Meersalz + Pfeffer

Für die Vinaigrette Schalotte und Knoblauch schälen und in feine Würfel schneiden. In eine Schüssel geben und mit Himbeer-Essig und Olivenöl verrühren. Mit etwas Tabasco-Sauce, Salz und Pfeffer abschmecken.

Den Salat gut waschen, trockenschleudern und mit etwas gehackter Minze in eine Schüssel geben.

Den Ziegenkäse in 1 cm dicke Scheiben schneiden und in etwas Paniermehl wenden.

Das Ei in einer kleinen Schüssel gut verquirlen, gehackten Thymian unterrühren und mit Muskatnuss, Salz und Pfeffer würzen. Den Ziegenkäse durch die Ei-Kräuter-Masse ziehen und anschließend erneut in Mehl wenden.

Die gewürzten Käsescheiben in einer Pfanne mit etwas Ghee kurz von beiden Seiten goldbraun braten. Den Salat mit dem Dressing vermischen und mit dem lauwarmen Ziegenkäse auf einen Teller geben.

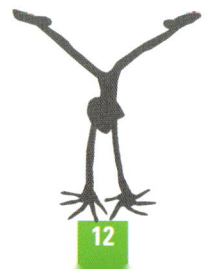

KARTOFFEL-LASAGNE
mit Rote-Beete-Schaum

400 g Kartoffeln, festkochend
250 g Rote Beete, gekocht
120 g Comté (in Scheiben)
1 großes Ei
1 Zehe Knoblauch
150 g Crème Fraîche
1 Prise Muskat
150 ml Milch
100 ml Gemüsebrühe
Ghee (siehe S.113)
Salz + Pfeffer

Den Knoblauch schälen und längs halbieren. Eine feuerfeste Form mit den Knoblauchhälften gut ausreiben und anschließend mit etwas Ghee einpinseln.

Den Ofen auf 180°C vorheizen.

Die Kartoffeln schälen, waschen und in dünne Scheiben schneiden. Die Form mit einer Schicht Kartoffeln auslegen und diese mit etwas Muskat, Salz und Pfeffer würzen. Das Ganze mit Käsescheiben bedecken und wiederholen. Die letzte Schicht sollte aus Kartoffeln bestehen.

In einer kleinen Schüssel das Ei mit der Milch verquirlen und gleichmäßig über die Kartoffeln gießen. Die Kartoffel-Lasagne im Ofen bei 180°C etwa 30 min backen, bis eine leichte Kruste entstanden ist und ca.10 min bei 140°C weitergaren lassen. Mit einem spitzen Messer testen, ob die Kartoffeln weich sind.

Inzwischen die Rote Beete (kann man bereits gekocht kaufen) in kleine Würfel schneiden, in einen Topf geben und zusammen mit der Gemüsebrühe und Crème Fraîche 10 min köcheln lassen. Anschließend das Ganze pürieren und mit etwas Zucker, Salz und Pfeffer abschmecken (Meerrettich und Knoblauch wäre auch möglich).

Die Kartoffel-Lasagne aus dem Ofen nehmen und mit dem Rote-Beete-Schaum anrichten.

MATJESFILETS
mit Topinambur
Rote-Beete-Ragout

1 Ei hart kochen. 2 Knollen Topinambur und Rote Beete (kann man bereits gekocht kaufen) garkochen und schälen. Die Schalotte schälen und zusammen mit Topinambur und Roter Beete in feine Würfel schneiden.

Für das Dressing das Eiklar vom Eigelb trennen. Das Eigelb in einer Schüssel mit Gemüsebrühe, Senf, Essig und Öl verrühren, ähnlich wie eine Majonnaise.

Die restliche Knolle Topinambur waschen, schälen, in feine Streifen (Stroh) raspeln und in einer Pfanne mit etwas Ghee goldgelb braten. Anschließend herausnehmen, auf etwas Küchenpapier abtropfen lassen und mit Meersalz bestreuen.

Etwas Schnittlauch und Petersilie waschen und klein schneiden. Das hartgekochte Ei und die Gewürzgurke in kleine Würfel schneiden. Das Dressing mit dem Gemüse-Ragout, dem Ei, der Gewürzgurke, den Sonnenblumenkernen und den Kräutern gut vermengen. Das Ganze mit Salz, Pfeffer und etwas Zucker abschmecken.

Blattsalat waschen, trockentupfen und zusammen mit den Matjesfilets auf den Teller geben. Das Rote-Beete-Ragout und Topinambur-Stroh darüber geben.

- 4 Matjesfilets
- 3 Knollen Topinambur
- 2 Rote Beete
- 1 Gewürz-Gurke
- 1 Schalotte
- 2 Eier
- 30 g Sonnenblumen- oder Kürbiskerne
- 1 EL scharfer Senf
- etwas Schnittlauch
- etwas Petersilie
- etwas Blattsalat
- 120 ml Rapsöl
- 100 ml Gemüsebrühe
- 2 EL Balsamico-Essig
- Ghee (siehe S.113)
- Zucker
- Salz + Pfeffer

ERDBEER-GEFLÜGEL SALAT mit Wodka

Die Hähnchenbrust unter fließendem Wasser abspülen und trockentupfen. Wer etwas Zeit mitbringt, kann diese im Ofen bei 90°C langsam garen damit sie nicht trocken wird. Ansonsten einfach in etwas Wasser geben und bei niedriger Temperatur gar kochen. Anschließend das Hähnchenfleisch in kleine Würfel schneiden.

Für die Marinade Erdbeeren waschen, in kleine Würfel schneiden und zusammen mit den Fleischwürfeln, dem grünen Pfeffer, etwas Wodka und dem Puderzucker 15 min zugedeckt ziehen lassen.

Crème Fraîche mit dem Schneebesen luftig schlagen, die Mayonnaise unterheben, mit Salz und Pfeffer abschmecken und zusammen mit der Marinade verrühren.

Den Salat waschen und trockenschleudern und mit dem Geflügelsalat auf einen Teller geben. Mit frischer Minze garnieren.

- 150 g Hähnchenbrust
- 200 g Erdbeeren
- 100 g Crème Fraîche
- etwas Blattsalat
- 1-2 EL Mayonnaise
- 2 TL Puderzucker
- 1-2 EL grüner Pfeffer (eingelegt)
- 2 cl Wodka
- etwas frische Minze
- Meersalz

KARTOFFEL-SPIESSE
mit Rucola-Pesto

8-10 kleine Kartoffeln
2 Tomaten, getrocknet (in Öl)
30 g Rucola
20 g Parmesan
3-4 EL Walnussöl
1 Zehe Knoblauch
Meersalz + Pfeffer

Die ungeschälten Kartöffelchen in einem Topf mit etwas Salzwasser oder im Dämpfer garen, ausdämpfen lassen und anschließend pellen.

Rucola waschen und von den Stielen befreien. Parmesan reiben. Getrocknete Tomaten abtropfen lassen und in grobe Stücke schneiden. Knoblauch schälen und halbieren.

Für das Pesto das Walnussöl, den Parmesan, die Tomaten, den Knoblauch und Rucola im Mixer fein pürieren. Mit Salz und Pfeffer abschmecken und das Ganze etwas ziehen lassen.

Die warmen Kartöffelchen aufspießen und mit Rucola-Pesto auf einen Teller geben. Dazu passt etwas Salat oder Baguette.

CAPELLINI mit Spinat-Tomaten-Knoblauchsauce

100 g Capellini
(dünne Spaghetti)

100 g Spinat
(frisch oder TK)

½ Dose Tomaten
(gehackt)

Parmesan
oder Pecorino

1 TL Tomatenmark

1 kleine Zwiebel

½ Zehe Knoblauch

1 Prise Muskat

100 ml Sahne

Ghee (siehe S.113)

Cayenne-Pfeffer

etwas Zucker

Salz + Pfeffer

Den Spinat verlesen, waschen und kleinschneiden.

Zwiebel und Knoblauch, schälen, in kleine Würfel schneiden und in einer Pfanne mit etwas Ghee glasigdünsten. Die gehackten Tomaten und das Tomatenmark zu den Zwiebeln geben, etwas köcheln lassen, mit Sahne aufgießen und den Spinat unterrühren. Mit Muskatnuss, Cayenne-Pfeffer, etwas Zucker, Salz und Pfeffer abschmecken.

Die Capellini in reichlich Salzwasser bissfest garen. Vor dem Abschütten etwas Kochwasser in die Spinatsauce geben und das Ganze mit geriebenem Käse servieren.

PENNE RIGATE
in Bärlauch-Sahne-Sauce

Den Bärlauch gut waschen und trockenschleudern. Die Stiele entfernen und die Blätter in feine Streifen schneiden. Schalotten und Knoblauch schälen und in kleine Würfel schneiden.

Die Nudeln in reichlich Salzwasser bissfest kochen.

Die Schalotten in einer Pfanne mit etwas Ghee glasigdünsten und mit Sahne, Wein und Brühe ablöschen. Das ganze ohne Deckel kurz einkochen lassen. Den Bärlauch und Knoblauch in die Sahnesauce geben und mit Meersalz, Pfeffer und etwas Zitronensaft abschmecken.

Das Ganze mit den Nudeln und einem Schuss Olivenöl vermengen und servieren.

120 g Penne Rigate

100 g Bärlauch

1 Schalotte

1 Zehe Knoblauch

1 Zitrone

120 ml Fleischbrühe oder Hühnerbrühe

100 ml Weißwein trocken

100 ml Sahne

etwas Olivenöl

Ghee (siehe S.113)

Zucker

Meersalz

schwarzer Pfeffer

MINZ-KARTOFFELN
mit Knoblauch

Den Ofen auf 160°C vorheizen.

Kartoffeln gründlich waschen und mit der Gabel mehrmals einstechen. In eine ofenfeste Form geben, mit etwas Olivenöl beträufeln und im Ofen bei 160°C (je nach Größe der Kartoffeln) 40-50 min garen.

In der Zwischenzeit die Minze waschen, die Blätter von den Stielen zupfen, gut trocknen und in feine Streifen schneiden. Den Knoblauch schälen, in feine Würfel schneiden und anschließend mit der Minze, dem Olivenöl, etwas Salz und Pfeffer verrühren.

Die Kartoffeln halbieren und mit der Minz-Marinade vermengen. Das Ganze warm servieren.

400 g Kartoffeln, festkochend
1 kleiner Bund Minze
2 Zehen Knoblauch
100 ml Olivenöl
Meersalz + Pfeffer

TAGLIATELLE
mit Limonen-Schmand und geräuchertem Lachs

100 g Tagliatelle
100 g Lachs geräuchert
30 g Schmand oder Crème Fraîche
1 Limette (unbehandelt)
etwas frischen Kerbel
Cayennepfeffer
Zucker + Salz

Die Tagliatelle in reichlich Salzwasser bissfest garen. In der Zwischenzeit den Schmand oder die Crème Fraîche mit dem Saft einer Limette und etwas Schalenabrieb gut verrühren. Das Ganze mit Cayennepfeffer, Salz und etwas Zucker abschmecken.

Den geräucherten Lachs in grobe Streifen schneiden. Den Kerbel waschen und kleinhacken. Die Nudeln abgießen und mit dem Limonen-Schmand vermengen. Anschließend die Tagliatelle auf einem Teller anrichten, den Lachs darauf legen und mit etwas frischem Kerbel bestreuen.

GEFÜLLTER KOHLRABI
mit Geflügelleber und Tomaten-Basilikcreme

100 g Geflügelleber
120 g Basmatireis
125 g Kirschtomaten
60 g Emmentaler oder Comté
1 großer Kohlrabi
1 Schalotte
1 Zehe Knoblauch
½ Zitrone oder 1 TL Verjus
2 EL Pinienkerne
etwas Basilikum
200 ml Sahne
150 ml Gemüsebrühe
etwas Olivenöl
Ghee (siehe S.113)
Meersalz + Pfeffer

Den Ofen auf 180°C vorheizen.

Den Reis in Salzwasser garkochen. Die Pinienkerne leicht anrösten. Die Tomaten waschen und vierteln. Schalotte schälen und in feine Würfel schneiden.

Den Kohlrabi schälen, die oberen und unteren Enden abschneiden und anschließend aushöhlen. Das Fruchtfleisch fein hacken und beiseitestellen.

Die Geflügelleber unter fließendem Wasser abspülen, trockentupfen und von den Sehnen und Häuten befreien.

Die Schalottenwürfel in einer Pfanne mit etwas Ghee glasig dünsten und anschließend die Geflügelleber darin ½ min scharf anbraten, aus der Pfanne nehmen, in grobe Stücke schneiden und beiseitestellen.

Die Schalotten mit 100 ml Sahne aufgießen, den Reis und die Pinienkerne zugeben, kurz umrühren und mit Zitronensaft oder Verjus, Salz und Pfeffer, abschmecken. Basilikum kleinschneiden und mit der Leber zusammen in die Pfanne geben. Den Kohlrabi mit der Reis-Leber-Masse füllen.

In eine feuerfeste Form etwas Öl, Tomatenviertel, Kohlrabifruchtfleisch, den Rest Sahne, Gemüsebrühe, Knoblauch und Basilikum geben und den Kolrabi platzieren. Das Ganze mit Alufolie abdecken und im Ofen bei 180 °C 30-40 min garen. Anschließend gerieben Käse darüber streuen und auf der Grillfunktion kurz überbacken. Den Kolrabi auf einen Teller legen, die Sauce pürieren, darüber geben und mit etwas Baguette servieren.

SCHWEINEMEDAILLONS

in Parmesankruste mit Kartoffel-Oliven-Mus

100 ml Geflügelbrühe ansetzen.

Die Kartoffeln in einem Topf mit Knoblauch, Kreuzkümmel und Salz kochen. Anschließend pellen und die noch heißen Kartoffeln mit einer Gabel zerdrücken und in eine Schüssel geben. Die Butter und das Olivenöl einarbeiten und die Masse mit Geflügelbrühe aufgießen bis eine cremige Konsistenz erreicht wird. Mit Salz und Pfeffer abschmecken. Die Oliven in feine Würfel schneiden. Rucola waschen, trockenschleudern und kleinschneiden. Beides in die Kartoffelmasse geben und das Ganze im Wasserbad warm halten.

Das Schweinefilet in 3 gleich große Stücke schneiden, etwas salzen und in Mehl wenden. Die Sahne steifschlagen. Das Ei in einem flachen Teller verquirlen, geriebenen Parmesan, Semmelbrösel und Sahne unterrühren. Die Schweinemedaillons durch die Ei-Masse ziehen und in einer Pfanne mit etwas Ghee langsam 8-10 min braten.

Die Medaillons aus der Pfanne nehmen und zusammen mit dem Kartoffel-Oliven-Mus anrichten.

- 200 g Schweinefilet
- 300 g Kartoffeln, mehlig
- 50 g Parmesan
- 20 g schwarze Oliven
- 1 großes Ei
- 1 Zehe Knoblauch
- 20-30 g Semmelbrösel
- etwas Mehl
- 40 g Butter
- 1 keiner Bund Rucola
- 100 ml Geflügelbrühe
- 30 ml Sahne
- 30-40 ml Olivenöl
- Ghee (siehe S.113)
- etwas Kreuzkümmel
- Meersalz

GRATINIERTER BÄRLAUCH
mit Frühjahrskartoffeln

500 g Bärlauch	Den Ofen auf 200°C vorheizen.
8-10 kleine Kartoffeln	
50 g Emmentaler gerieben	Die ungeschälten Kartöffelchen in einem Topf mit etwas Salzwasser oder im Dämpfer garen, ausdämpfen lassen und anschließend pellen. Den Bärlauch waschen und mit etwas Wasser in einem Topf ca. 2 min dämpfen.
1 EL Semmelbrösel	
2 EL Mehl	
200 ml Milch	Das Öl in einer Pfanne erhitzen und den Bärlauch mit etwas Mehl anschwitzen. Das Ganze mit Milch und Gemüsebrühe ablöschen und ca. 5 min aufkochen lassen. Die Bärlauch-Mischung in eine Auflaufform geben, mit Käse und Semmelbrösel bestreuen und anschließend im Ofen bei 200°C ca. 20 min überbacken. Die Kartoffeln mit dem Bärlauch auf einen Teller geben und servieren.
100 ml Gemüsebrühe	
1 EL Öl	
Meersalz + Pfeffer	

... Es fing mit einem leisen Schnarchen an und steigerte sich zu animalischen Urtönen, gemischt mit den gurgelnden, japsenden Geräuschen eines Lebewesens, das in den letzten Zügen liegt. Zwischendurch pfiff er. Das Repertoire war beachtlich. Während ich ergriffen lauschte und verzweifelt versuchte einzuschlafen, fiel mir wieder ein, dass seine phänomenalen Schnarchattacken ein nicht unwesentlicher Grund für unsere damalige Trennung gewesen waren. Die hatte ich glattweg aus meinem Gedächtnis gestrichen. Man erinnert sich eben nur an die guten Seiten. ...

Kati Huhn und Tine Römer, aus: Verflixt und zugemailt, Eulenspiegel Verlag, Berlin 2009

Einsam bin ich glücklich, zweisam mit mir.

Manfred Hinrich

PENNE mit Tomaten-Kräuter-Sauce, Eiern und Büffel-Mozzarella

120 g Penne
125 g Büffel-Mozzarella
1 Dose Tomaten (gehackt)
2 Eier
1 Zweig Rosmarin
1 Zweig Thymian
100 ml Sahne
Cayenne-Pfeffer
Zucker
Meersalz

Den Ofen auf 220°C vorheizen. Die Penne in reichlich Salzwasser bissfest garen. Die Eier hart kochen (gut gewaschen können diese auch zusammen mit den Nudeln gegart werden), schälen und in Scheiben schneiden.

Für die Sauce die Kräuter waschen, feinhacken und zusammen mit den Tomaten und der Sahne verrühren. Mit Cayenne-Pfeffer, Zucker und Meersalz abschmecken.

Die Nudeln abgießen und mit der Tomatensoße gut vermengen. Den Mozzarella in Scheiben schneiden und zusammen mit den Eiern über die Nudeln geben und das Ganze im Ofen bei 220°C kurz überbacken.

In »heißen« Zeiten wird dir dein eigener Schatten zum Freund.

Helga Schäferling

GAZPACHO-SALAT
mit Ziegenkäse

150 g Ziegenkäse
1 rote Paprika
1 gelbe Paprika
1 kleine Zucchini
1 rote Zwiebel
5 Kirschtomaten
etwas Basilikum
Himbeer-Dressing (siehe S.115)
Balsamico-Creme
Zucker
Salz + Pfeffer

Für den Gazpacho-Salat die Zwiebel schälen und in kleine Würfel schneiden. Die Paprika waschen, halbieren, entkernen und in Würfel schneiden. Tomaten und Zucchini waschen und ebenfalls in kleine Würfel schneiden.

Das Ganze in eine Schüssel geben, mit etwas Himbeer-Dressing gut vermengen und anschließend mit Salz, Pfeffer und etwas Zucker abschmecken.

Den Ziegenkäse in Scheiben schneiden, den Gazpacho-Salat auf einen Teller geben, die Käsescheiben darüber legen und mit etwas Balsamico-Creme und gezupften Basilikum garnieren. Dazu passt Fladenbrot oder Reis.

ZUCCHINI-PÜREE
mit Schafskäse und Oliven

Die Zucchini waschen, in dicke Scheiben schneiden und in etwas Salzwasser weich kochen. Das Wasser abgießen und anschließend die gegarten Zucchini mit einer Gabel gut zerdrücken oder das Ganze pürieren.

Den Knoblauch schälen und feinhacken. Den Schafskäse mit den Fingern zerkrümeln. Das Ganze zusammen mit dem Zucchini-Mus in eine Schüssel geben, etwas Olivenöl dazugeben und das Püree nach Belieben mit Kreuzkümmel, Chilipulver, etwas Zitronensaft und Salz abschmecken.

Das Zucchini-Püree auf einen Teller geben und mit den grünen und schwarzen Oliven garnieren.

Das Gericht eignet sich als Vorspeise mit etwas Chiabatta sowie als Beilage zu Reis, Fleisch oder Fisch.

250 g Zucchini

100 g Schafskäse

1 Zitrone

1 Zehe Knoblauch

Oliven (schwarz + grün)

etwas Olivenöl

½ TL Kreuzkümmel (gemahlen)

Chilipulver

Meersalz

Kartoffel-Mais-Suppe

100 g Kartoffeln, mehlig

50 g Mais

½ Chilischote

100 ml Sahne oder Kokosmilch

200 ml Gemüsebrühe

etwas Zucker

Salz + Pfeffer

Die Kartoffeln schälen, waschen und in kleine Würfel schneiden. Chilischote waschen, halbieren und entkernen.

In einem Topf etwas Gemüsebrühe ansetzen und die Kartoffeln darin bei mittlerer Temperatur garen. Anschließend den Mais und eine ½ Chilischote zu den Kartoffeln geben. Das Ganze mit der Sahne aufgießen, anschließend pürieren und mit etwas Zucker, Salz und Pfeffer abschmecken. Die Suppe für weitere 5-10 min köcheln lassen.

Die Kartoffel-Mais-Suppe in einen tiefen Teller geben und heiß servieren. Dazu kann etwas Salat oder Brot gereicht werden.

3-Minuten-Tomaten-Kokossuppe

In einem Topf etwas Ghee erhitzen, das Tomatenmark darin kurz anrösten und anschließend die gehackten Dosen-Tomaten dazugeben. Das Ganze mit Kokosmilch aufgießen, verrühren, kurz aufkochen lassen und mit einem Schuss Orangensaft verfeinern. Die Suppe mit Cayenne Pfeffer, Zucker, Salz und Pfeffer abschmecken und anschließend pürieren. In einen Teller geben und heiß servieren.

Als Suppen-Einlage eignet sich auch gedämpftes Wildlachs- oder Pangasiusfilet.

- 1 Dose Tomaten (gehackt)
- 1-2 TL Tomatenmark
- 150 ml Kokosmilch
- etwas Orangensaft
- Ghee (siehe S.113)
- Cayenne Pfeffer
- etwas Zucker
- Salz + Pfeffer

GRÜNE BOHNEN
in Haselnusscrème

- 300 g grüne Bohnen
- 35 g Haselnüsse
- 2-3 EL Crème Fraîche
- 1 kleiner Bund Kerbel
- 2 EL Haselnussöl
- Meersalz + Pfeffer

Haselnüsse klein hacken und rösten.

Die Bohnen waschen und in in einem Topf mit reichlich Salzwasser garkochen, abgießen und anschließend mit kaltem Wasser abschrecken. Die Enden mit einem Messer abknipsen.

In einer großen Schüssel Crème Fraîche und das Haselnussöl mit dem Schneebesen aufschlagen und mit etwas Salz und Pfeffer abschmecken. Die Bohnen in die Schüssel geben und das Ganze gut vermengen.

Den Kerbel waschen und kleinhacken. Die Bohnen auf den Teller geben und mit den Haselnüssen und dem Kerbel bestreuen.

Dieses Gericht kann gut als Beilage zu Fleisch oder Fisch gereicht werden.

GEBACKENE MOZARELLA-TOMATEN

2 Fleischtomaten
125 g Büffel-Mozzarella
1 Zwiebel
1 Zehe Knoblauch
1 Zweig Rosmarin
etwas Olivenöl
Ghee (siehe S.113)
Meersalz + Pfeffer

Den Ofen auf 180°C vorheizen.

Eine kleine feuerfeste Form mit etwas Ghee einfetten. Die Tomaten waschen, den Strunk entfernen und in 1 cm dicke Scheiben schneiden. Den Mozzarella ebenfalls in ca.1 cm dicke Scheiben schneiden und zusammen mit den Tomaten abwechselnd in die Form schichten. Das Ganze bei 180°C auf mittlerer Schiene ca. 20 min garen.

Etwas Rosmarin waschen und kleinhacken. Zwiebeln und Knoblauch schälen, in kleine Würfel schneiden und in einer Pfanne mit etwas Ghee glasigdünsten. Anschließend herausnehmen, in eine kleine Schüssel geben und mit etwas Olivenöl und Rosmarin verrühren. Das Ganze mit etwas Meersalz und Pfeffer abschmecken.

Die Mozzarella-Tomaten aus dem Ofen nehmen, auf einen Teller geben und mit dem Knoblauch-Kräuter-Öl beträufeln. Dazu kann Ciabatta oder Baguette gereicht werden.

Dieses Gericht eignet sich sowohl als Vorspeise als auch als Beilage zu Fisch oder gegrillten Lammkottelettes.

Auberginen-Lasagne

Den Ofen auf 190°C vorheizen.

Die Auberginen schälen, in fingerdicke Scheiben schneiden und ca. 10 min in Olivenöl einlegen.

Den Rosmarin waschen und feinhacken. Die getrockneten Tomaten in grobe Streifen schneiden.

Die Auberginen etwas abtropfen lassen, leicht salzen und in einer feuerfesten Form zusammen mit den Tomaten abwechselnd aufschichten und immer wieder mit etwas Rosmarin und gehobeltem Parmesan bestreuen. Als oberste Schicht sollte eine Auberginenscheibe liegen. Anschließend das Ganze in den Ofen schieben und bei 190°C 15-20 min garen. Mit Baguette oder Chiabatta servieren.

Dieses Gericht eignet sich hervorragend als Beilage zu Reis, Fisch oder Fleisch.

2 kleine Auberginen
4 Tomaten getrocknet (in Öl)
100 g Parmesan
1 Zweig Rosmarin
etwas Olivenöl
Meersalz + Pfeffer

GEFÜLLTE PAPRIKA
mit Pfefferminz-Joghurt-Sauce

100 g Basmatireis
150 g Rinderhack
3 Rote Spitzpaprika
150 g Joghurt
1 kleine Zwiebel
2 Zehen Knoblauch
1-2 EL Tomatenmark
1 Chilischote
frischer Dill
frische Minze
Blattpetersilie
etwas Olivenöl
Ghee (siehe S.113)
Meersalz + Pfeffer

Den Reis in Salzwasser garkochen.

Zwiebel und Knoblauch schälen und in kleine Würfel schneiden. Paprika waschen, Stielansatz abschneiden und die Spitzpaprika aushöhlen. Die Chilischote waschen, halbieren, entkernen und klein schneiden. Kräuter waschen und klein hacken.

Den gekochten Reis und das Rinderhack in eine Schüssel geben. Das Ganze zusammen mit der gehackten Zwiebel, der Hälfte des Knoblauchs, dem Tomatenmark, ½ Chili, den Kräutern und etwas Olivenöl gut vermengen. Mit Salz und Pfeffer abschmecken und anschließend die Reis-Hackfleisch-Mischung in die Paprika füllen. Diese in einen Topf mit 150 ml heißem Wasser geben, kurz aufkochen und bei geringer Hitze zugedeckt 15-20 min schmoren lassen.

Die Kräuter in eine Schüssel geben und zusammen mit dem Joghurt, dem restlichen Knoblauch, ½ Chilischote, Salz und etwas Pfeffer verrühren.

Die gefüllten Paprika mit der Joghurt-Sauce servieren. Dazu passt frisch gebackenes Fladenbrot.

GEFÜLLTE GURKE
mit Lammhack und Linsen

200 g Lammhack
1/2 Salatgurke
80 g rote Linsen
1 Zehe Knoblauch
1 Schalotte
1 EL Rosinen
etwas Koriander oder Petersilie
1 TL Tomatenmark
2 EL Crème Fraîche
2 EL Speisequark
1 Spritzer Tabasco
20 ml Noilly Prat
100 ml Gemüsebrühe
Ghee (siehe S.113)
etwas Curry
Meersalz + Pfeffer

Die Rosinen in Noilly Prat einweichen. Die Gurke waschen und der Länge nach in Streifen schälen, so dass ein Zebrasmuster entsteht. Die Gurke der Länge nach halbieren, entkernen, salzen und in etwas Wasser 10 min ziehen lassen. Den Ofen auf 180°C vorheizen.

Schalotte und Knoblauch schälen, in feine Würfel schneiden und in einer Schüssel zusammen mit dem Hackfleisch, Quark und Tomatenmark gut vermengen. Die Masse mit etwas Curry, Tabasco, Salz und Pfeffer würzen. Die Gurkenhälften aus dem Wasser nehmen, trocknen und mit der Hackfleisch-Masse füllen.

In einer ofenfesten Pfanne, die Linsen und Rosinen in etwas Ghee anschwitzen, mit der Gemüsebrühe aufgießen und etwas köcheln lassen. Die Gurkenhälften in die Pfanne geben und das Ganze im Ofen 10-15 min weiter garen bis die Linsen weich sind.

Die Kräuter waschen und feinhacken. Die Gurken aus der Pfanne nehmen und beiseitestellen. Anschließend Crème Fraîche und Kräuter unter die Linsen rühren und das Ganze mit Salz und Pfeffer abschmecken. Die gefüllten Gurken mit den Linsen auf einen Teller geben und mit etwas Reis oder frischem Fladenbrot servieren.

HÄHNCHEN-
Kichererbsen-Ragout

Die Kichererbsen über Nacht in kaltem Wasser einweichen. Am nächsten Tag abgießen und waschen. In einem Topf 250 ml Gemüsebrühe ansetzen und die Kichererbsen darin 70-80 min zugedeckt bei niedriger Temperatur garen.

Etwas Minze waschen und feinhacken. Das Suppengrün waschen, putzen und grob zerkleinern. Das Hähnchen gründlich waschen und mit kaltem Wasser bedeckt langsam zum Kochen bringen. Suppengrün und Salz hinzufügen und das Ganze getrost eine Stunde köcheln lassen. Anschließend die Brühe abgießen (kann als Suppe verwendet werden). Das Fleisch von den Knochen lösen und klein schneiden.

Kichererbsen spülen und abtropfen lassen. Die Pfirsiche, waschen, schälen, entkernen und in Spalten schneiden. Frühlingszwiebeln waschen, kleinschneiden und in einer Pfanne mit etwas Ghee glasigdünsten. Die Kichererbsen hinzugeben, mit 250 ml Gemüsebrühe oder der fertigen Hühnerbrühe aufgießen und zusammen mit den gehackten Tomaten 15-20 min schmoren lassen. Das Hähnchenfleisch und die Pfirsichspalten unterrühren, mit 1 Prise Zimt, etwas Kreuzkümmel, Salz und Pfeffer abschmecken und kurz aufkochen. Die Minze unter das Ragout geben und mit etwas Reis oder Baguette servieren.

Tipp: Es lohnt sich, ein ganzes Hähnchen zu kochen. Die Brühe kann man gut einfrieren und das Fleisch kann man am nächsten Tag für eine anderes Gericht verwenden.

½ Hähnchen
50 g Kichererbsen
½ Tomaten gekackt (Dose)
1 Pfirsich
½ Bund Frühlingszwiebeln
1 kleiner Bund Minze
1 Bund Suppengrün
etwas Kumin
1 Prise Zimt
500 ml Gemüsebrühe
Ghee (siehe S.113)
Meersalz + Pfeffer

BASILIKUM-KARTOFFELSALAT

mit eingelegten Tomaten

250 g Kartoffeln, festkochend	
1 kleiner Frisée-Salat	
20 g Tomaten, getrocknet (in Öl)	
1 Schalotte	
1 Zitrone	
1 kleiner Bund Basilikum	
1 Zweig Rosmarin	
½ TL Senf	
3 EL Olivenöl	
1 EL Himbeer-Essig	
Zucker	
schwarzer Pfeffer	
Meersalz	

Die Kartoffeln in Salzwasser kochen oder dämpfen. Anschließend schälen und in Scheiben schneiden.

Schalotte schälen, in feine Würfel schneiden und zusammen mit dem Saft einer halben Zitrone, Senf und Essig zu einem Dressing verrühren. Das Ganze mit Salz, Pfeffer und etwas Zucker abschmecken.

Die getrockneten Tomaten in feine Streifen schneiden und mit den Kartoffeln und etwas Olivenöl zusammen mit dem Dressing in eine Schüssel geben und gut vermengen. Der Kartoffelsalat sollte mindestens 1 Stunde ziehen.

Den Frisée-Salat waschen, trockenschleudern, in kleine Stücke zupfen und vor dem Servieren unter die Kartoffeln heben, und das Ganze nochmals mit Salz und Pfeffer abschmecken. Etwas Basilikum und Rosmarin waschen, kleinschneiden und über den fertigen Salat geben.

Ein ideales Sommergericht. Kann gut als Beilage zu gegrilltem Fleisch oder Fisch gereicht werden.

QUINOA-EIERKUCHEN

mit Sellerie-Pilzfüllung

für den Teig

100 g Quinoa, gemahlen

2 Eier

90 ml Milch

70-80 ml Wasser

für die Füllung

2 Stangen Staudensellerie

200 g Champignons (braun)

1 kleine Zwiebel

etwas Schnittlauch

2 EL Crème Fraîche

50 ml Gemüsebrühe

Ghee (siehe S.113)

Meersalz + Pfeffer

Den Ofen auf 100°C vorheizen.

Für den Teig Quinoa in eine Schüssel geben und zusammen mit den Eiern, der Milch und etwas Wasser gut verrühren, salzen und 20-30 min quellen lassen.

Für die Füllung Staudensellerie waschen, putzen und in dünne Scheiben schneiden. In einer Pfanne mit etwas Ghee andünsten und anschließend im Ofen warmhalten. Zwiebeln schälen und in feine Würfel schneiden. Die Champignons putzen, vierteln und in einer Pfanne mit etwas Ghee scharf anbraten und anschließend die Zwiebelwürfel mit braten. Das Ganze mit Gemüsebrühe ablöschen und etwas einkochen lassen. Die Crème Fraîche unterrühren, mit Salz und Pfeffer abschmecken.

Etwas Ghee in einer Pfanne erhitzen und aus dem Teig dünne Pfannkuchen backen. Diese auf einen Teller geben, mit etwas Sellerie und Pilzsauce füllen und zusammenrollen. Anschließend mit frischem Schnittlauch bestreuen.

BANANENKÜCHLEIN

Den Ofen auf 165°C vorheizen.

Für die Bananen-Küchlein die Banane und das Ei zusammen mit dem Pflanzenöl in einem Mixer pürieren. Das Mehl und Backpulver in eine Schüssel sieben, den Zucker und die Bananenmasse hinzugeben, gut umrühren und den Teig mit etwas Zimt, Nelkenpulver und Salz abschmecken.

Die Mischung in Muffin-Förmchen (gibt es aus Papier) verteilen und im Backofen bei 165°C etwa 15 min backen.

Für die Kirschsauce 50 ml Kirschsaft in einem Topf zum Kochen bringen. Den Rest des Kirschsaftes in eine Tasse geben, mit der Maisstärke verquirlen und das Ganze unter Rühren in den kochenden Saft geben, ca. 3 min köcheln lassen und nach Belieben mit Zucker abschmecken. Die Sauce auskühlen lassen und über die Bananenküchlein geben.

- 1 reife Banane
- 80 g Mehl
- 75 g Zucker
- 1 Ei
- 100 ml Kirschsaft
- 60 ml Pflanzenöl
- ½ TL Backpulver
- 1 Prise Zimt
- 1 Prise Nelkenpulver
- 1 Prise Salz
- 1 TL Maisstärke

OLIVERS JAMBALAYA

1 Hähnchenkeule	Ofen auf 190°C vorheizen.

1 Hähnchenkeule

2 scharfe Würstchen (Chorizo oder Tasso)

1 Becher Reis

1 grüne Paprika

1 Tomate

1 Chilischote (scharf)

1 Stange Staudensellerie

1 Zwiebel in feine Würfel

etwas Knoblauch

etwas Blattpetersilie

300 ml Hühnerbrühe

Ghee (siehe S.113)

Zucker

Salz + Pfeffer

Ofen auf 190°C vorheizen.

Den Reis in Salzwasser garkochen. Die Hähnchenkeule waschen und in einem Topf mit Salzwasser bei niedriger Temperatur garen und anschließend von Haut und Knochen befreien. Die Würstchen in dünne Scheiben schneiden und im Ofen bei 190°C knusprigbacken.

Zwiebel und Knoblauch schälen und in feine Würfel schneiden. Sellerie waschen und in kleine Stücke schneiden. Die Paprika waschen, halbieren, entkernen und in Würfel schneiden. Tomate waschen, den Strunk entfernen und ebenfalls in Würfel schneiden. Chilischote waschen, halbieren, entkernen und kleinschneiden. Anschließend das Ganze in eine Pfanne geben und mit etwas Ghee gut andünsten. Etwas Hühnerbrühe ansetzen und das Gemüse damit aufgießen und ein wenig köcheln lassen.

Petersilie waschen und kleinhacken. Das Hähnchenfleisch und die Wurstscheiben unter das Gemüse geben und mit etwas Zucker, Salz und Pfeffer abschmecken. Den Reis mit dem Jambalaya auf den Teller geben und mit frischer Petersilie bestreuen.

FISCHFILET
mit glacierten Tomaten und Basilikum-Sauce

Den Ofen auf 160°C vorheizen.

Tomaten waschen, vierteln und das Kerngehäuse entfernen. Den Knoblauch schälen und kleinhacken. Die entkernten Tomaten auf ein Backblech legen, mit Knoblauch, etwas Puderzucker, Thymian, Salz und Pfeffer bestreuen. Anschließend mit Olivenöl beträufeln und im Ofen bei 160°C 15-20 min schmoren lassen.

Für die Sauce Butter in einem Topf schmelzen, etwas Mehl einstreuen, glattrühren, mit Fischfond aufgießen und das Ganze gut einkochen lassen. Den Basilikum waschen, klein schneiden, in die Sauce geben und pürieren. Mit etwas Zucke, Salz und Pfeffer abschmecken.

Das Fischfilet salzen und pfeffern, in Mehl wenden und anschließend in einer Pfanne mit etwas Ghee kurz von beiden Seiten braten.

Den Fisch zusammen mit den glacierten Tomaten auf einen Teller geben und mit der Basilikum-Sauce anrichten. Dazu passen Kartoffeln, Reis oder frisches Baguette.

Tipp: Das übrige Kerngehäuse der Tomaten kann man gut einfrieren und für Suppen oder Saucen verwenden.

---

1 Fischfilet (von einem weißen, festen Fisch)

2 Tomaten

1 EL Mehl

1 Zehe Knoblauch

1 EL Butter

1 Bund Basilikum

etwas Thymian

etwas Puderzucker

100 ml Fischfond

Olivenöl

Ghee (siehe S.113)

Meersalz + Pfeffer

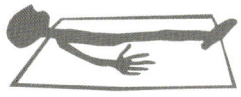

Es gibt eine Stille des Herbstes bis in die Farben hinein.

Helga Schäferling

HERBST

CAMEMBERT
mit Cassis-Birnen

200 g Camembert
100 g Johannisbeeren (schwarz)
1 reife Birne
80 g Zucker
4-5 EL Wasser
10 ml Crème de Cassis (Johannisbeerlikör)

Die Johannisbeeren waschen (Tiefkühlbeeren auftauen), abtropfen lassen und in einem kleinen Topf mit Wasser und Zucker 5 min kochen. Das Ganze durch ein dünnes Sieb streichen und anschließend mit Cassis-Likör nochmals aufkochen.

Die Birne schälen, der Länge nach halbieren, entkernen und fächerförmig ein-, aber nicht durchschneiden. In die Cassis-Sauce geben und darin 5 min sanft köcheln lassen. Die Birnenhälften herausnehmen und die Sauce so lange einkochen lassen bis sie eine cremige Konsistenz hat.

Den Camembert in kleine Keile schneiden und auf einem Teller anrichten. Die warmen Birnen dazugeben und das Ganze mit der Cassis-Sauce überziehen. Dazu passt etwas frisches Baguette.

APFEL-LACHS-RAGOUT

250 g Lachsfilet
1 Boskop-Apfel
1 kleine Stange Rhabarber
1 Zitrone
etwas Basilikum
50 ml Apfelsaft
50 ml Weißwein
1 Zitrone
etwas Calvados
Balsamico-Creme
Ghee (siehe S.113)
Zucker
Salz + Pfeffer

Den Ofen auf 95°C vorheizen.

Den Lachs in 3 x 3 cm große Würfel schneiden, salzen und pfeffern und in einer feuerfesten Form mit etwas Ghee im Ofen bei 95°C ca. 10 min garen.

Den Apfel schälen, entkernen und in kleine Würfel schneiden. Rhabarber waschen und fein würfeln. Beides in einer Pfanne mit etwas Ghee andünsten und mit Apfelsaft, Weißwein und Calvados ablöschen. Die Sauce auf die Hälfte reduzieren lassen und das Ganze mit dem Saft einer ½ Zitrone, Zucker, Salz und Pfeffer abschmecken. Die Lachswürfel hinzugeben und 1 min ziehen lassen.

Basilikum waschen und in feine Streifen schneiden. Das Apfel-Lachs-Ragout auf den Teller geben und mit etwas Basilikum und Balsamico-Creme garnieren.

Dieses Gericht eignet sich gut als Vorspeise oder als perfekte Beilage zu Kartoffel-Rösti.

LINSENSUPPE
mit Apfelmeerrettich

Den Bacon in feine Streifen schneiden und in einer Pfanne knusprig braten, herausnehmen und auf Küchenpapier abtropfen lassen.

Zwiebeln schälen und in kleine Würfel schneiden. Suppengrün waschen, putzen, fein würfeln und zusammen mit den Zwiebeln im übrig gebliebenen Fett andünsten. Die Linsen unterrühren, mit Rinderbrühe und Wasser aufgießen, auf kleiner Flamme köcheln lassen und anschließend das Ganze pürieren. Petersilie waschen und kleinhacken. Paprikamark mit ⅔ der Sahne verrühren. Petersilie und Paprikamark in die Suppe geben, diese nochmals aufkochen und mit Salz und Pfeffer abschmecken.

Apfel schälen, entkernen, raspeln und mit Zitronensaft beträufeln. Die restliche Sahne mit dem Meerrettich verrühren. Die Suppe in heiße Suppentassen füllen, mit Baconstreifen bestreuen, Meerrettichsahne in die Mitte geben und mit den Apfelraspeln garnieren.

100 g Bacon

80 g Linsen

½ Apfel

1 Zwiebel

½ Bund Suppengrün

1 Zitrone

1 Bund Blattpetersilie

2-3 EL Meerrettich (aus dem Glas)

70 g Paprikamark (in Tuben erhältlich)

300 ml Rinderbrühe

150 ml Wasser

200 ml Sahne

Ghee (siehe S.113)

Zucker

Meersalz + Pfeffer

GORGONZOLA-WRAP
mit Fenchel-Birnen-Salat

2 Tortilla-Fladen (Durchmesser 24 cm)

100 g Gorgonzola

½ Fenchelknolle

1 kleine Birne (Abate)

30 g Walnusskerne

1 EL Senf

1 EL Honig

3 EL Himbeer-Essig oder Apfel-Essig

4 EL Olivenöl

Salz + Pfeffer

Den Ofen auf 120°C vorheizen.

Fenchelknolle waschen, vom Strunk befreien und in feine Scheiben schneiden. Die Stiele ebenfalls in feine Streifen schneiden und das Fenchelgrün sehr feinhacken. Alles in eine Schüssel geben. Die Birne schälen, entkernen, in kleine Würfel schneiden und hinzugeben. Das Ganze mit Essig, Senf, Honig und Olivenöl vermengen und mit Salz und Pfeffer abschmecken.

Die Walnüsse grob hacken.

Die Tortillafladen mit Gorgonzola und dem Fenchel-Birnen-Salat belegen. Mit den Walnüssen bestreuen, die Enden einschlagen und den Fladen gut zusammenrollen. Anschießend die Tortillarolle mit einem schrägen Schnitt halbieren und im Ofen bei 120°C 10-15 min erwärmen.

NUDELSALAT
mit Bratwurstklößchen

Bratwurstbrät aus der Wurstpelle herausdrücken, in etwa 4-5 cm große Stückchen zerteilen und in einer Pfanne mit etwas Ghee kurz von allen Seiten scharf anbraten. Anschließend auf etwas Küchenpapier geben und auskühlen lassen.

Den Kürbis aus dem Glas nehmen und abtropfen lassen. Zwiebel schälen, halbieren und in feine Streifen schneiden. Die Karotten waschen, schälen und mit dem Sparschäler in lange Streifen hobeln.

Für die Salatsauce Trauben gut waschen, halbieren und entkernen. Kräuter waschen und feinhacken. In einer Schüssel Öl, Essig, Senf und Kräuter verrühren. Mit Salz und Pfeffer abschmecken und die Trauben dazu geben.

Die Nudeln in reichlich Salzwasser bissfest garen und anschließend mit 2-3 EL Nudelwasser und den Bratwurstklößchen in die Schüssel geben und umrühren.

---

100 g Spiralnudeln

150 g grobe Bratwurst

200 g Kürbis, eingelegt (Glas)

1 Karotte

1 kleine Zwiebel

100 g helle Trauben

Ghee (siehe S.113)

für die Salatsauce

½ Bund Blattpetersilie

1 Zweig Thymian

1 TL Senf

1 EL Himbeer-Essig

4 EL Rapsöl

Zucker

Meersalz + Pfeffer

RÄUCHERLACHS-LAUCH-KÜCHLEIN

120 g Räucherlachs
1 Packung Blätterteig
1 Karotte
1 Stange Lauch
1 Bund Basilikum
1 großes Ei
100 ml Weißwein
100 ml Sahne
Ghee (siehe S.113)
Meersalz + Pfeffer

Den Ofen auf 200°C vorheizen.

Karotte schälen und raspeln. Den Lauch putzen, waschen, in Ringe schneiden und in einem Topf mit etwas Ghee andünsten. Mit Weißwein ablöschen und diesen vollständig reduzieren lassen. Das Ganze mit Salz und Pfeffer abschmecken und auskühlen lassen. Anschließend die geraspelte Karotte dazugeben.

Eine Handvoll Basilikumblätter waschen und kleinschneiden. Den Lachs in feine Streifen schneiden und mit dem Basilikum unter das Lauchgemüse geben.

In einer Schüssel die Sahne mit dem Ei verquirlen und mit Salz und Pfeffer würzen. Den Blätterteig ausrollen, 2-4 ofenfeste Förmchen damit auslegen und den Teig gleichmäßig mit einer Gabel einstechen. Die Förmchen mit dem Gemüse füllen und etwas Sahne-Ei-Masse darübergeben. Im Ofen bei 200°C 15-20 min backen.

Heiß oder lauwarm schmecken die Küchlein am besten. Man kann sie aber auch noch am nächsten Tag mit zur Arbeit nehmen.

BIRNEN-BOHNEN-GEMÜSE

Bohnen gründlich waschen, in kochendem Salzwasser 2 min blanchieren und kalt abschrecken. Anschließend die Enden abknipsen und in 2 cm lange Stücke schneiden.

Bohnenkraut waschen und kleinschneiden. Den Apfel und die Birne schälen, entkernen und kleinschneiden. Die Zwiebel schälen, in kleine Würfel schneiden und in einer Pfanne mit etwas Ghee glasig dünsten. Die Bohnen, Äpfel und Birnen hinzugeben. Mit der Sahne auffüllen und das Bohnenkraut unterrühren. Das Ganze zugedeckt köcheln lassen, bis die Bohnen bissfest sind. Mit etwas Salz und Pfeffer abschmecken und heiß servieren.

Dieses Bohnengericht eignet sich gut als Beilage zu Lamm.

200 g Grüne Bohnen
1 Apfel
1 Birne
1 kleine Zwiebel
50 g Bohnenkraut
50 ml Sahne
Ghee (siehe S.113)
Meersalz + Pfeffer

PIKANTE HACKBÄLLCHEN
mit Pilzsauce

300 g Rinderhack oder Lammhack

2 EL Haferflocken

1 mittelgroßes Ei

1 Chilischote (scharf)

2 EL Milch

2 EL Rapsöl

10 g Pilze, getrocknet

1 Zwiebel

100 ml Sahne

20 ml Weißwein

Ghee (siehe S.113)

Salz + Pfeffer

Den Ofen auf 190°C vorheizen.

Chilischote waschen, entkernen und kleinschneiden. Das Hackfleisch in eine Schüssel geben und zusammen mit etwas Milch, Haferflocken, Rapsöl und Chili so lange gut durchkneten bis die Konsistenz cremig ist. Mit Salz und Pfeffer abschmecken. Aus der Masse ein Probebällchen formen und in etwas Ghee anbraten um den Geschmack zu testen. Eventuell nachwürzen. Die weiteren Bällchen auf ein Backblech legen, mit etwas Ghee bepinseln und im Ofen bei 190°C 12-15 min garen.

Für die Sauce die Pilze ca. 30 min in Wasser einweichen und das Pilzwasser aufheben. Zwiebel schälen und in feine Würfel schneiden. Die Pilze feinhacken und zusammen mit den Zwiebeln in etwas Ghee anbraten. Mit Weißwein und Pilzwasser ablöschen und das Ganze solange einkochen lassen bis nur noch ⅓ der Flüssigkeit übrig ist.

Die Sauce mit Sahne auffüllen und anschließend mit einem Pürierstab kurz aufmixen. Mit etwas Salz und Pfeffer abschmecken. Die Hackbällchen mit der Pilzsauce servieren. Dazu passt frisch aufgebackenes Fladenbrot oder Reis.

MOHNKARTOFFELN
mit Lauchgemüse

350 g Kartoffeln, festkochend
1 Stange Lauch
1-2 TL Senfkörner
4 EL Mohn
200 g Crème Fraîche
etwas Weißwein
Ghee (siehe S.113)
Meersalz + Pfeffer

Die Senfkörner im Mörser zerkleinern. Den Lauch putzen, waschen und in 2-3 cm große Stücke schneiden. Die Kartoffeln schälen, waschen, vierteln und in einem Topf mit etwas Salzwasser oder im Dämpfer garen.

Den Lauch in einer Pfanne mit etwas Ghee anbraten, mit Weißwein ablöschen und das Ganze etwas einkochen lassen. Anschließend die Crème Fraîche und die zerkleinerten Senfkörner unterrühren, mit Salz und Pfeffer abschmecken und zugedeckt 10 min weitergaren.

In einem kleinen Topf etwas Ghee zerlassen und den Mohn einrühren. Das Lauchgemüse mit den Kartoffeln auf einen Teller geben und diese mit der Mohnbutter übergießen.

BRÜHE VON ROTER BEETE
mit Salbei-Grieß-Klößchen

200 g Rote Beete
85 g Grieß
1 Ei
etwas Salbei
etwas frischen Meerrettich
40 g Butter
500 ml Geflügelbrühe
200 ml Milch
Salz + Pfeffer

Rote Beete schälen in grobe Streifen schneiden und in einen Topf geben. Mit Geflügelbrühe übergießen, einige Salbeiblätter hinzugeben und das Ganze so lange köcheln lassen, bis die Rote Beete gar ist.

In einem Topf die Milch mit der Butter aufkochen und mit Salz und Pfeffer würzen. Den Gries unter Rühren in die Milch geben, kurz aufkochen lassen und sofort vom Herd nehmen. Das Ganze leicht abkühlen lassen und anschließend mit dem Ei vermengen. Etwas kleingehackten Salbei unterrühren.

Die Brühe durch ein Sieb gießen. Mit einem Löffel Nocken aus der Grieß-Masse stechen und in die Brühe geben. Die Suppe mit der Roten Beete und den Grießklöschen in einen tiefen Teller geben und mit etwas frisch geriebenem Meerrettich garnieren.

PFIFFERLING-SALAT
mit Trauben und Kürbiskernmarinade

Pfifferlinge reinigen aber wie? Mein Tipp: Siehe Seite 113.

Die gereinigten Pfifferlinge in einer Pfanne mit etwas Ghee kräftig anbraten. Mit Salz und Pfeffer würzen und zum Auskühlen in eine Schüssel geben.

Die Kürbiskerne in einer kleinen Pfanne ohne Fett rösten und beiseitestellen. Die Frühlingszwiebel waschen und in kleine Ringe schneiden. Die Trauben waschen, halbieren und entkernen.

Für die Marinade das Trauben- und Kürbiskernöl mit dem Himbeer-Essig in einer Schüssel verrühren und mit etwas Zucker, Salz und Pfeffer abschmecken. Anschließend die Trauben, Frühlingszwiebel und Pfifferlinge dazugeben und gut umrühren. Den Salat etwa 10 min ziehen lassen und vor dem Servieren mit den gerösteten Kürbiskernen bestreuen.

150 g frische Pfifferlinge
100 g Blaue Trauben
1 Frühlingszwiebel
50 g Kürbiskerne
2 EL Mehl
Ghee (siehe S.113)

für die Marinade
2 EL Traubenkernöl
2 EL Kürbiskernöl
8 EL Himbeeressig
Zucker
Salz +Pfeffer

SCHARFE HÄHNCHENKEULE
mit Kürbis und Spinat

Den Ofen auf 200°C vorheizen.

Die Hähnchenkeule unter fließendem Wasser abspülen und trockentupfen. Den Sirup/Honig mit Cayennepfeffer und etwas Salz verrühren und die Hähnchenkeule damit einmassieren. Anschließend im Ofen auf mittlerer Schiene bei 200°C ca. 20 min goldbraun braten.

Die Frühlingszwiebel putzen, waschen und in feine Ringe schneiden. Knoblauch schälen, feinhacken und zusammen mit den Frühlingszwiebeln in einer Pfanne mit etwas Ghee glasig dünsten. Den Spinat dazugeben und mit etwas Salz und Pfeffer abschmecken.

Den Kürbis waschen, entkernen und grob raspeln. In einer Pfanne etwas Ghee erhitzen und den geraspelten Kürbis darin unter Rühren leicht anbraten. Die Chicken-Chili-Sauce, 2-3 EL Limettensaft und etwas Schalenabrieb zugeben und bei niedriger Temperatur 5 min weitergaren.

Das Gemüse mit der Hähnchenkeule auf einen Teller geben und heiß servieren. Dazu passt Basmatireis.

- 1 Hähnchenkeule
- 200 g Blatt-Spinat (auch tiefgekühlt)
- 200 g Hokkaidokürbis
- 1 Frühlingszwiebel
- 1 Knoblauchzehe
- 2 EL Ahornsirup oder Akazienhonig
- 4 EL Chicken-Chili-Sauce
- 1 Limette (unbehandelt)
- Ghee (siehe S.113)
- Cayennepfeffer
- Meersalz + Pfeffer

Apfel-Kartoffel-Gulasch

1 Boskop-Apfel
2-4 Kartoffeln
½ Stange Lauch
1 kleine Zwiebel
2 EL Sahne
Ghee (siehe S.113)
Meersalz + Pfeffer

– Wenn man bereits gekochte Kartoffeln vom Vortag hat, sollte man diese verwenden. Dann geht das Gericht schneller. Die Kartoffeln können sofort zusammen mit den Äpfeln angebraten werden. –

Den Apfel schälen, entkernen und in kleine Würfel schneiden. Kartoffeln schälen und würfeln. Den Lauch waschen, putzen und in feine Ringe schneiden. Zwiebel schälen und ebenfalls in feine Ringe schneiden.

Die Kartoffeln in einer Pfanne mit etwas Ghee anbraten bis sie fast gar sind. Anschließend die Apfelwürfel, den Lauch und die Zwiebeln hinzugeben und das Ganze zusammen etwa 5-10 min weiter köcheln lassen. Die Sahne zugeben und mit Meersalz und Pfeffer abschmecken.

Dazu passt frisches Bauernbrot oder gebratener Speck.

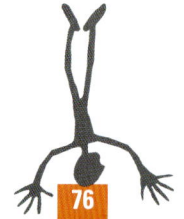

Apfel-Hähnchenkeule

mit Haselnüssen

1 Hähnchenkeule
1 Boskop-Apfel
1 Zwiebel
3 EL Haselnüsse
2 EL Crème Fraîche
1 TL Speisestärke
125 ml Weißwein
etwas Apfelsaft
Ghee (siehe S.113)
1 Prise Zimt
1 Prise Curry
Meersalz + Pfeffer

Die Haselnüsse grob hacken, mit etwas Ghee rösten und bereit stellen. Den Apfel schälen, vierteln, entkernen, in feine Scheiben schneiden und in eine Schüssel geben. Mit Weißwein aufgießen und etwas Zimt unterrühren.

Die Hähnchenkeule unter fließendem Wasser abspülen, trockentupfen und mit etwas Curry, Salz und Pfeffer einreiben. Anschließend in einer Pfanne mit etwas Ghee von beide Seiten goldbraun braten und herausnehmen.

Zwiebel schälen, in kleine Würfel schneiden und in der gleichen Pfanne mit etwas Ghee glasig dünsten. Das Ganze mit der Weißwein-Apfel-Mischung ablöschen, kurz aufkochen lassen, salzen und pfeffern. Die Hähnchenkeule in die Pfanne legen und zugedeckt 20-25 min bei niedriger Temperatur schmoren lassen. Das Fleisch aus der Pfanne nehmen und eventuell im Ofen warmhalten. Die Speisestärke mit etwas Apfelsaft anrühren und die Sauce damit binden. Die Haselnüsse und Crème Fraîche unterrühren und mit Salz und Pfeffer abschmecken. Die Sauce über die Hähnchenkeule geben und sofort servieren. Dazu passen Kartoffelpuffer oder Rosmarinkartoffeln.

MAISHÄHNCHENBRUST
mit geschmorten Pfifferlingen und Gurken

Den Ofen auf 100°C vorheizen.

Pfifferlinge reinigen aber wie? Mein Tipp: Siehe Seite 113.

Die Salatgurke schälen, der Länge nach halbieren, entkernen und in feine Würfel schneiden. Die Schalotte schälen und fein würfeln. Dill waschen und kleinhacken.

Die Maishähnchenbrust unter fließendem Wasser abspülen, trockentupfen und in einer Pfanne mit etwas Ghee bei mittlerer Temperatur auf der Hautseite 4 min goldbraun anbraten. Anschließend salzen und pfeffern, wenden und nochmals ½ min braten. Die Hähnchenbrust im Ofen bei 100°C auf mittlerer Schiene 20 min garen.

Die gereinigten Pfifferlinge in einer Pfanne mit etwas Ghee kräftig anbraten. Die Schalottenwürfel und etwas Butter hinzugeben und das Ganze bei niedriger Temperatur 1-2 min anbraten. Die Pilze herausnehmen und bereitstellen. Die Sauce mit Weißwein ablöschen und auf die Hälfte einkochen lassen. Sahne, Gurkenwürfel und Dill hinzugeben. Das Ganze in 2-3 min cremig werden lassen und mit Salz und Pfeffer abschmecken. Die Pfifferlinge wieder in die Sauce geben und etwas ziehen lassen. Die Hähnchenbrust auf einen Teller geben und mit der Pfifferlingsauce übergießen. Dazu passen Bratkartoffeln oder frische Bandnudeln.

- 1 Maishähnchenbrust (mit Haut)
- 150 g Pfifferlinge
- ½ Salatgurke
- 1 Schalotte
- 3 EL Mehl
- etwas Butter
- etwas Dill
- 50 ml Weißwein (trocken)
- 100 ml Sahne
- Ghee (siehe S.113)
- Meersalz + Pfeffer

LAMMCURRY
mit Artischocken

Zutaten:

- 300 g Lammgulasch (Schulter oder Keule)
- 1 Dose Artischockenherzen
- 1 Zwiebel
- 2 Zehen Knoblauch
- 1 Stück Ingwer
- 1 EL Kurkuma
- 2 EL Koriander (gemahlen)
- 1 TL Kreuzkümmel (gemahlen)
- ½ TL Currypulver
- Ghee (siehe S.113)
- Zucker
- Meersalz + Pfeffer

Das Fleisch unter fließendem Wasser abspülen, trocken tupfen, in Würfel schneiden und in einer Pfanne mit etwas Ghee etappenweise scharf anbraten. Aus der Pfanne nehmen und beiseitestellen.

Die Zwiebel und den Knoblauch schälen, in feine Würfel schneiden und in der gleichen Pfanne mit etwas Ghee glasigdünsten. Das Fleisch wieder wieder in die Pfanne geben, mit etwas Wasser aufgießen und bei geringer Hitze ca. 70 min weichschmoren.

Die Artischocken abtropfen lassen und vierteln. Etwas Ingwer schälen, reiben und zusammen mit den Artischocken in das Lammcurry geben. Mit Kurkuma, Kreuzkümmel, Koriander und Curry würzen. Das Ganze für ca. 10 min weiterschmoren lassen und anschließend mit etwas Salz und Pfeffer abschmecken. Dazu passt Reis oder frisches Fladenbrot.

Ohne den Winter wären die Tage länger und die Unterhosen kürzer.

Verfasser unbekannt

KARAMELLISIERTER RADICCHIO
mit Orangenfilets

2 Köpfe Radicchio
1 Orange
1 TL Maisstärke
100 ml Orangensaft
Balsamico-Essig
2 EL Puderzucker
Ghee (siehe S.113)
Salz + Pfeffer

Den Radicchio unter lauwarmem Wasser waschen (dann schmeckt er nicht mehr so bitter). Die Blätter in ca. 5 cm große Stücke schneiden. Die Orange rund herum mit einem Messer schälen und die Filets herausschneiden. Den Rest der Orange auspressen und den Saft beiseitestellen.

In einem kleinen Topf etwas Ghee zerlassen und darin den Puderzucker leicht karamellisieren. Er darf nicht dunkel werden, sonst schmeckt er bitter! Den Orangensaft mit der Stärke anrühren, in die Pfanne gießen und das Ganze kurz aufkochen lassen. Den Radicchio in den Topf geben, mit einem Spritzer Balsamico-Essig abschmecken und kurz erwärmen. Er sollte nicht zusammenfallen, sondern noch etwas Biss haben. Den Topf vom Herd nehmen und die Orangenfilets unterheben.

Dieses Gericht eignet sich mit etwas Brot als Vorspeise sowie als Beilage zu Fleisch oder Fisch.

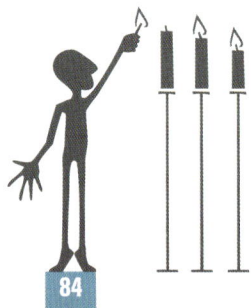

Topinambur-Kartoffelsuppe

100 g Topinambur
200 g Kartoffeln
200 ml Gemüsebrühe
1 Prise Muskatnuss
50 ml Sahne
Ghee (siehe S.113)
Zucker
Salz + Pfeffer

Den Ofen auf 140°C vorheizen.

Kartoffeln und Topinambur schälen und in kleine Würfel schneiden. Dabei ein Viertel des Topinambur in hauchdünne Scheiben schneiden. Die Scheiben kurz in etwas Ghee anbraten bis der Rand sich hellbraun verfärbt. Aus der Pfanne nehmen, salzen und bei 140°C im Ofen trocknen lassen bis sie knusprig sind wie Kartoffel-Chips.

Die Kartoffeln mit dem restlichen Topinambur in einem Topf mit etwas Ghee andünsten und anschließend mit Gemüsebrühe ablöschen. Die Suppe mit der Sahne auffüllen, nach Belieben mit Muskat, Salz, Pfeffer und etwas Zucker abschmecken und für weitere 5-10 min köcheln lassen.

Das Ganze in einen Teller geben und mit den Topinambur-Chips servieren. Als Suppeneinlage eignen sich außerdem Würstchen, Rote Beete-Chips oder frische Kräuter.

MARONEN-LAUCHPFANNE

Den Lauch putzen, waschen und in Scheiben schneiden. Die Maronen in einer Pfanne mit etwas Ghee kurz anbraten, den Lauch dazugeben und dünsten. Das Ganze mit Gemüsebrühe aufgießen, kurz aufkochen lassen und zugedeckt auf kleiner Flamme 3-4 min köcheln lassen. Die Sahne unterrühren, den Schalenabrieb einer ½ Zitrone, etwas Majoran dazugeben und nach Belieben mit Paprika, Curry, Muskat, Salz und Pfeffer abschmecken.

Das Ganze auf einen Teller geben und mit etwas dunklem Brot servieren. Anstelle von Sahne kann auch Kokosmilch verwendet werden.

- 200 g Maronen, geschält
- 1 kleine Stange Lauch
- 1 Zitrone (unbehandelt)
- Majoran
- Paprikapulver (scharf)
- Currypulver
- 1 Prise Muskatnuss
- 150 ml Gemüsebrühe
- 50 ml Sahne
- etwas Ghee (siehe S.113)
- Salz + Pfeffer

LINSEN-AVOCADO-SALAT

100 g rote Linsen
2 Zwiebeln
1 Avocado
80 g Lachsschinken (am Stück)
1 TL Senf
120 ml Gemüsebrühe
1 EL Himbeer-Essig oder Balsamico-Essig
etwas Rapsöl
Ghee (siehe S.113)
Meersalz + Pfeffer

Die Linsen gründlich waschen, abtropfen lassen und in einer Pfanne mit etwas Ghee kurz anschwitzen. Danach mit Gemüsebrühe aufgießen und die Linsen für ca. 15 min garkochen.

Die Zwiebeln schälen und in Ringe schneiden. Avocado, waschen, schälen, halbieren, entkernen und in Spalten schneiden. Lachsschinken in Würfel schneiden.

In einer Schüssel eine Marinade aus Senf, Essig, Öl, Salz und Pfeffer anrühren. Die Avocado und Schinkenwürfel in die Schüssel geben, umrühren und anschließend die lauwarmen Linsen unterrühren. Den Salat gut mischen, etwas marinieren lassen und anschließend mit Brot servieren.

WILDLACHSFILET
auf Chicoree

Den Ofen auf 250°C vorheizen.

Das Lachsfilet unter fließendem Wasser abspülen, trockentupfen und auf Alufolie legen. Mit Zitronensaft oder Verjus beträufeln, salzen und pfeffern und anschließend etwas Ghee darüber geben. Das Ganze gut einwickeln und im Ofen bei 250°C 10-15 min garen (so bleibt der Lachs saftig).

Den Chicoree entblättern, waschen, trockentupfen und schräg in große Stücke schneiden. Petersilie waschen und feinhacken. In einer Pfanne etwas Ghee erhitzen und den Chicoree unter ständigem Wenden 2-3 min braten. Die Pfanne vom Herd nehmen, den Chicoree mit etwas Puderzucker karamellisieren, salzen und pfeffern.

Das Lachsfilet auf den Chicoree legen, mit Petersilie und rotem Pfeffer bestreuen. Als Beilage eignet sich Reis oder etwas frisches Baguette.

1 Wild-Lachsfilet

2 Chicoree

etwas Blattpetersilie

1-2 TL Zitronensaft oder Verjus

Ghee (siehe S.113)

etwas Puderzucker

roter Pfeffer

Meersalz + Pfeffer

APFEL-RÖSTI mit
Meerrettich und panierter Blutwurst

4 Scheiben Blutwurst
1 Apfel
2 Kartoffeln
1 Ei
etwas Mehl
1 EL Meerrettich, frisch
Semmelbrösel
Ghee (siehe S.113)
Meersalz + Pfeffer

Den Ofen auf 140°C vorheizen. Die Kartoffeln und den Apfel schälen, feinraspeln und anschließend in einem Tuch gut ausdrücken. Das Ganze salzen und pfeffern. Den Meerrettich schälen, raspeln und mit der Rösti-Masse vermengen.

In einer Pfanne mit etwas Ghee kleine Rösti ausbacken, auf einen Teller legen und anschließend im Backofen bei 140°C ca.10 min weiter garen lassen.

Die Blutwurstscheiben in Mehl wenden, abklopfen, durch die verquirlte Ei-Masse ziehen und anschließend in Paniermehl wenden. Die Scheiben danach in einer Pfanne mit etwas Ghee von beiden Seiten anbraten. Die Rösti mit der panierten Blutwurst anrichten. Dazu passt Feldsalat.

Als ich nach der Sendung im Auto saß, machte sich mein hungriger Magen durch permanentes Knurren bemerkbar. Also holte ich mir von der Tanke eine Tüte »Beef Jerky« – den leckeren Snack für zwischendurch. Dieses aus dem Amiland importierte Dörrfleisch ähnelt im Aussehen zwar verblüffend unseren einheimischen Hundekaustangen, ist aber laut Aufdruck sehr energiereich, hat viele Proteine und wenig Fett. Perfekt. Als ich das erste Teil aus dem Beutel fingern wollte, bemerkte ich eine noch kleinere Tüte. Aha. Das Gewürz dazu. Die denken aber auch an alles, die Amis! Die kleine Tüte ließ sich allerdings schwer und erst unter Zuhilfenahme meiner eigens für solche Zwecke im Auto deponierten Nadel öffnen. Ich streute mir eine gehörige >>

RAHM-LINSEN
mit Knoblauch und Minze

Knoblauchzehen, schälen und fein schneiden. Die Linsen gründlich waschen und in einem Topf mit Salzwasser ca. 20 min kochen. Den Knoblauch hinzugeben und das Ganze 5 min weiter köcheln lassen. Etwas Minze waschen, fein schneiden und unter die Linsen geben. Die Suppe mit etwas Chilipulver, Muskat, Salz und Pfeffer abschmecken.

Die Linsen auf der noch warmen Herdplatte für weitere 2-3 min zugedeckt quellen lassen. Die Sahne leicht aufschlagen und unterziehen. Die Linsen in einen Teller geben und mit Minzblättern garnieren. Dazu passt Fladenbrot.

80 g grüne Linsen
2 Zehen Knoblauch
½ Bund Minze
1 EL Sahne
Chilipulver
1 Prise Muskatnuss
Salz + Pfeffer

>> Portion dieser kleinen beige-braunen Kügelchen auf meinen Dörrfleischstreifen und schob ihn mir in den Mund. Er war salzig, faserig und hatte die Konsistenz von Leder – nichts für die Dritten. Und auch nichts für den großen Hunger, denn von diesem Zeug konnte man unmöglich satt werden. Es sei denn, man kauft sich gleich ein paar Tüten davon und nimmt sich den Rest des Tages frei. Nachdem ich so an die zehn Minuten auf meinem ersten Beef Jerky herumgekaut hatte, fiel mein Blick noch einmal auf die kleinere der beiden Tüten, besser gesagt, auf deren Aufschrift: »DO NOT EAT! OXYGEN ABSORBER!« Was machen eigentlich die, die kein Englisch verstehen?

Kati Huhn und Tine Römer, aus: Verflixt und zugemailt, Eulenspiegel Verlag, Berlin 2009

Mamas Käsespätzle

für den Teig
150 g Mehl (405)
2 Eier (L)
etwas Milch
1 Prise Muskatnuss
1 TL Salz

für die Spätzle
100 g Emmentaler (gerieben)
2 große Zwiebeln
Ghee (siehe S.113)
Meersalz + Pfeffer

Für den Teig alle Zutaten gut verrühren und zugedeckt ruhen lassen. Die Konsistenz sollte zähflüssig sein, aber noch fließen. Sollte der Teig zu flüssig sein, etwas Mehl zugeben. Sollte er zu trocken sein, ein Ei dazugeben.

Den Ofen auf 90°C vorheizen. Die Zwiebeln schälen, in dünne Scheiben schneiden und in einer Pfanne mit etwas Ghee goldbraun braten. Salzen und pfeffern.

Den Spätzleteig in eine kleine Spritzflasche füllen und langsam in leicht kochendes Salzwasser fließen lassen. Die Spätzle, sobald sie oben schwimmern, mit einer Siebkelle herausnehmen und abtropfen lassen. Das Ganze in eine ofenfeste Form geben, mit dem Käse und den Zwiebeln vermengen und im Ofen bei 90°C mit Alufolie bedeckt ca. 20 min warm halten.

Die fertigen Käsespätzle auf einen Teller geben und mit etwas Salat servieren.

– Danke Mama, für die Käsespätzle! –

Feigen-Chicoree Toast

4 Scheiben Frühstücksspeck
1 Chicoree
4 Scheiben Toast
4 Feigen, getrocknet
50 g Blauschimmelkäse
2 EL Pinienkerne
Meersalz + Pfeffer

Den Ofen auf 220°C vorheizen.

Den Chicoree putzen, waschen, halbieren, den Strunk entfernen und quer zur Faser in feine Streifen schneiden. Mit Pfeffer und Salz würzen. Pinienkerne etwas anrösten und die getrockneten Feigen in dünne Streifen schneiden.

Das Brot hellbraun toasten.

Den Käse mit einer Gabel zerdrücken und mit dem Chicoree vermengen. Die Chicoree-Käse-Mischung zusammen mit den Feigen auf die Toastscheiben verteilen und im Ofen bei 220°C 4-5 min überbacken.

In der Zwischenzeit den Speck ohne Fett in einer Pfanne knusprigbraten. Die fertigen Toasts auf einen Teller geben und mit den Pinienkernen bestreuen.

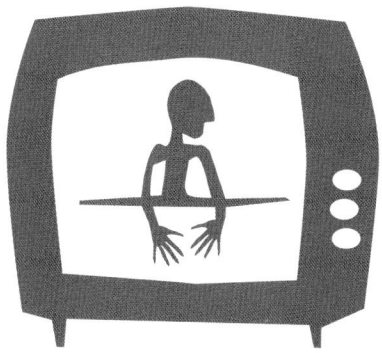

Kati Huhn und Tine Römer, aus: Verflixt und zugemailt, Eulenspiegel Verlag, Berlin 2009

Bitte beachte: 1. Hände weg vom Pay-TV! Da gibt es einen Sportkanal, der sendet rund um die Uhr alles, was das Herz eines enthusiastischen Sportguckers begehrt. 2. Mach dich immer ein paar Wochen im Voraus über das Samstagabendprogramm kundig; denn auch mit einer wirklich attraktiven Wochenendplanung blitzt du ab, wenn Formel 1 oder Boxen auf dem Programm stehen. 3. Für die Zeiten, in denen Welt- und Europameisterschaften, UEFA-Cups, Tennisturniere oder ähnliche Großereignisse stattfinden, weiß ich allerdings auch keinen Rat. Da muss man die Feste halt feiern, wie sie fallen.

PARMESAN-POLENTA
mit Honig-Balsamico-Sauce

1 Hähnchenbrust
50 g Maisgrieß
50 g Parmesan, gerieben
1 Handvoll Rucola
1 EL Butter
2-3 EL Honig
200 ml Milch
150 ml Balsamico-Essig
Ghee (siehe S.113)
Salz + Pfeffer

Den Ofen auf 160°C vorheizen. Etwas Rucola waschen, trockenschleudern und feinschneiden.

Die Milch in einem Topf mit etwas Butter und Salz erwärmen, den Maisgrieß langsam einrieseln lassen und dabei immer gut rühren. Vorsicht, die Temperatur sollte nicht zu hoch sein, Verbrennungsgefahr! Sobald der Maisgrieß beginnt zu sprudeln sofort einen Deckel auf den Topf geben. Das Ganze dauert ca. 1-2 min. Danach weiterrühren bis die Polenta nach ungefähr 15 min fertig ist. Rucola und geriebenen Parmesan unterrühren. Die Polenta darf nicht mehr kochen, sondern nur noch warm gehalten werden.

Die Hähnchenbrust unter fließendem Wasser abspülen, trockentupfen und salzen. In einer Pfanne mit etwas Ghee von beiden Seiten kurz anbraten. Anschließend das Fleisch pfeffern und im Ofen bei 160°C 5-6 min weiter garen lassen.

Den Bratensatz mit Balsamico-Essig ablöschen und solange aufkochen bis die Essig-Säure verdampft ist. Den Honig zugeben, mit Salz und Pfeffer abschmecken und die Sauce weitere 5 min köcheln lassen. Das Ganze auf einen Teller geben und genießen.

GEBRATENE LAMMLACHSE
an Aprikosen-Rotwein-Sauce

Die Aprikosen in etwas Wasser einweichen.

Die Lammlachse mit etwas Olivenöl beträufeln, in Klarsichtfolie wickeln, und im Backofen bei 58°C bis zu einer Kerntemperatur von 56-57°C erwärmen (Dauer ca. 2 Stunden), je länger und langsamer das Fleisch gart, desto feiner wird es im Geschmack.

Für die Sauce etwas Ingwer reiben, Zwiebel und Knoblauch schälen, in kleine Würfel schneiden und in einer Pfanne mit etwas Ghee glasigdünsten. Mit Rotwein ablöschen, den Lammfond und die eingeweichten Aprikosen und den Ingwer zugeben und das Ganze auf die Hälfte einkochen lassen. Anschließend die Sauce mit Honig, Cayennpfeffer und Salz würzen und warmhalten.

Sobald die Kerntemperatur erreicht wurde, das Fleisch herausnehmen, trockentupfen, etwas salzen und in einer Pfanne von allen Seiten 20 Sekunden scharf anbraten. Das Lammfleisch auf einen Teller geben und mit der fertigen Sauce servieren. Dazu passt frisches Ciabatta zum Tunken.

Dieses Gericht eignet sich wegen seiner langen Garzeit gut für Sonn- oder Feiertage. Das Fleisch rechtzeitig in den Ofen schieben und während dessen einfach mal das tun wozu man Lust hat ...

1 Lammlachse
30 g Aprikosen, getrocknet
½ Zwiebel
1 Zehe Knoblauch
1 EL Honig
etwas Ingwer
50 ml Rotwein
100 ml Lammfond
etwas Ghee (siehe S.113)
Cayennepfeffer
Meersalz

LINGUINE
mit Zwiebelconfit, Ziegenkäse und Walnusskernen

Die Walnüsse hacken und in einer Pfanne rösten. Zwiebeln schälen und in feine Ringe schneiden. Knoblauch schälen und fein hacken.

Eine Pfanne mit etwas Ghee erhitzen und die Zwiebeln mit einem ½ TL Salz bei mittlerer Hitze dünsten, bis sie weich sind und Saft ziehen. Den Knoblauch hinzufügen, das Ganze weiter dünsten bis die Zwiebeln eine goldgelbe Farbe haben. Anschließend mit Weißwein ablöschen und diesen einkochen.

In der Zwischenzeit die Nudeln in reichlich Salzwasser kochen. Eine Hand voll Basilikum waschen und kleinschneiden. Den Ziegenkäse mit den Fingern zerkrümeln und zusammen mit dem Basilikum, den Walnüssen unter das Zwiebelconfit geben. Vor dem Abgießen der Nudeln 2-3 EL Nudelwasser dazu geben und das Ganze mit den Nudeln gut verrühren und sofort servieren.

Anstelle des Ziegenkäses kann man auch Gorgonzola oder Roquefort verwenden.

120 g Linguine (Bandnudeln)
30 g Ziegenfrischkäse
2 Zwiebeln
1 Knoblauchzehe
1 Bund Basilikum
2-3 EL Walnusskerne
50 ml Weißwein
etwas Olivenöl
Ghee (siehe S.113)
Meersalz + Pfeffer

SCHWARZBROTKNÖDEL
mit Wirsinggemüse

200 g Roggenbrot
20 g Speckwürfel
1 Zwiebel
2 Eier
30 g Walnüsse
100 g Emmentaler oder Appenzeller
etwas Blattpetersilie
1 Prise Muskatnuss
150-200 ml Milch
Ghee (siehe S.113)
Meersalz + Pfeffer

für den Wirsing
¼ Kopf Wirsing
50 g Speckwürfel
150 ml Sahne
50 ml Gemüsebrühe
etwas Zucker
Cayenne-Pfeffer
Salz +Pfeffer

Petersilie waschen und kleinschneiden. Brot in ca. 1x1 cm dicke Würfel schneiden. Zwiebel schälen und feinschneiden. Speckwürfel, Zwiebeln und gehackte Walnüsse in einer Pfanne mit etwas Ghee glasigdünsten.

Das Ganze mit dem Brot in eine Schüssel geben und mit lauwarmer Milch aufgießen. Die Petersilie und die Eier darübergeben und mit einem Kochlöffel vorsichtig vermengen. Mit Salz, 1 Prise Muskat und Pfeffer aus der Mühle würzen. Die Mischung ca. 10-20 min stehen lassen.

Einen Topf mit Wasser aufsetzen und zum Kochen bringen. Den Käse in Würfel schneiden und in die Brotmasse geben.

Alufolie mit etwas Ghee bepinseln, die Brotmasse hineingeben und wie ein Bonbon zusammenwickeln. Den Knödel in das heiße Wasser geben, einmal aufkochen lassen und anschließend den Herd ausschalten. Den Knödel 15-20 min garziehen lassen.

Wirsing waschen, vom Strunk befreien und in grobe Stücke schneiden. Die Speckwürfel in einem Topf mit etwas Ghee ausbraten, den Wirsing hinzugeben und kurz mitbraten. Anschließend mit Geflügelfond ablöschen, mit der Sahne aufgießen, 6-7 min weiter köcheln lassen und mit Zucker, etwas Cayenne-Pfeffer, Salz und Pfeffer abschmecken.

Den Knödel in Scheiben schneiden und mit dem Wirsinggemüse anrichten.

ZANDERFILET mit Rieslingsauce, Schwarzwurzeln und Spinat

1 Zanderfilet, ca. 160 g

2 Stangen Schwarzwurzel

200 g Blattspinat (auch tiefgekühlt)

1 Zehe Knoblauch

etwas Mehl

1 Zweig Estragon

6-7 Pfefferkörner

5-6 Korianderkörner

1 EL Butter

200 ml Milch

200 ml Wasser

100 ml Riesling

Ghee (siehe S.113)

Zucker

Meersalz + Pfeffer

Die Schwarzwurzeln waschen, schälen, in 6-7 cm große Stücke schneiden und mit Milch, Wasser, Salz und einer Prise Zucker weichkochen. Die Schwarzwurzeln abtropfen lassen und anschließend in einer Pfanne mit etwas Ghee goldbraun braten.

Den Spinat mit fein gehacktem Knoblauch in etwas Ghee andünsten und mit 1 Prise Muskat, Salz und Pfeffer abschmecken.

Den Riesling in einem kleinen Topf mit Estragon, Pfeffer- und Korianderkörnern auf die Hälfte einkochen. Die kalte Butter mit einem Schneebesen einrühren und die Sauce mit Salz und Pfeffer abschmecken und bei warmer Temperatur stehenlassen.

Das Zanderfilet mit Salz und Pfeffer würzen. Die Hautseite Einmehlen und das Filet (auf der Hautseite) in einer Pfanne mit etwas Ghee bei mittlerer Temperatur braten. Den Fisch hin und wieder leicht andrücken, damit er sich nicht wölbt.

Den Zander und das Gemüse auf einen Teller geben und mit der Rieslingsauce servieren.

FORELLENFILET
im Topinambur-Kartoffelmantel

Den Ofen auf 140°C vorheizen.

Topinambur und Kartoffeln schälen, waschen, und reiben. Das Ei in eine Schüssel geben und mit dem geriebenen Gemüse und dem Kartoffelmehl gut vermengen. Die Masse mit Salz und Pfeffer würzen.

Die Forellenfilets von beiden Seiten salzen, pfeffern und die Topinambur-Kartoffel-Masse darauf dünn verteilen. Anschließend den Fisch in einer Pfanne mit etwas Ghee goldgelb braten und im Ofen bei 140°C ca.10 min gar ziehen lassen. Dazu passt Feldsalat mit Nüssen.

2 Forellenfilets (ohne Haut)
3-4 Knollen Topinambur
1 Kartoffel
1 Ei
1 TL Kartoffelmehl
Ghee (siehe S.113)
Meersalz + Pfeffer

HONIGHÄHNCHEN
mit Linsen-Kraut

1 Hähnchenkeule
20 g Speck oder Bacon
100 g Sauerkraut
20 g rote Linsen
60 g Lauch
1 Zitrone
1 Schalotte
½ TL Honig
80 ml Hühnerbrühe
etwas Ananassaft
Ghee (siehe S.113)
etwas Zucker
Meersalz + Pfeffer

Die Hähnchenkeule unter fließendem Wasser abspülen, trockentupfen, salzen und pfeffern. In eine Pfanne geben und mit etwas Ghee langsam von beiden Seiten anbraten bis sie gar ist. Anschließend mit Honig einpinseln.

Den Lauch putzen, waschen und in Ringe schneiden. Die Schalotte schälen und in kleine Würfel schneiden. Den Speck würfeln, in einen Topf geben und ohne Fett auslassen. Die Schalottenwürfel dazugeben, glasig dünsten und anschließend das Sauerkraut und die roten Linsen kurz im Fett mit braten. Das Ganze mit Hühnerbrühe auffüllen, etwas Ananassaft dazugeben und gut 20 min köcheln lassen. Mit dem Saft einer ½ Zitrone, etwas Zucker, Salz und Pfeffer abschmecken.

Das Linsen-Kraut mit der Hähnchenkeule anrichten.

Ich bin wirklich erleichtert,
dass sich das Universum endlich
erklären lässt. Ich dachte schon,
das Problem läge bei mir.

Woody Allen

Was ist Ghee und woher kommt es?

Ghee (sprich Gii) ist geklärte Butter und wird auch als Butterreinfett bezeichnet. Es ist ein unentbehrlicher Bestandteil in der ayurvedischen Küche und Ernährungslehre. Man sagt, es soll die Verdauungssäfte anregen und fördern. Ebenso fördere es die Entstehung des guten Cholesterins (HDL) und sei resistent gegen freie Radikale. Ghee verändert – im Gegensatz zu vielen kaltgepressten Ölen – beim Erwärmen seine Fettsäuren nicht. Und nicht nur das, angeblich hat es eine positive Wirkung auf die Leistung des Gehirns, verbessert das Gedächtnis und fördert die Lernfähigkeit. In der ayurvedischen Schönheitspflege schwört man auf seine hautfreundlichen Eigenschaften. Es veringere Ekzeme und wirke kühlend bei Verbrennungen. Kurzum: Ghee steht im Ayurveda für die Verjüngung von Körper, Geist und Seele und gilt als Nektar für Jugend und Schönheit.

Aber abgesehen von all den guten Eigenschaften; Ghee hat ein wunderbar nussiges Aroma und betört mit seinem unvergleichlich feinen Duft. Es ist ein ausgezeichneter Appetitanreger und steigert das Aroma eines jeden Gerichts, und es ist bis zu einem Jahr haltbar. Probieren Sie es aus – es lohnt sich!

Das Wichtigste bei der Zubereitung von Ghee ist: Auf keinen Fall die Butter zu sehr erhitzen und darauf achten, dass sie nicht dunkel wird, sonst ist sie am Ende verbrannt und bekommt einen scharfen Geruch. Das Ergebnis sollte eine klare gelbe bis gold farbene Butterschmelze sein. Einfach mal ausprobieren, so entwickelt man ein gutes Fingerspitzengefühl dafür. Ich selbst habe auch zwei Anläufe benötigt und muss sagen: Es hat sich gelohnt!

Ghee – Zubereitungszeit ca. 2 Stunden

2 kg Butter, 1 flacher, schwerer Topf, 1 Sieb (Passiertuch oder Kaffefilter)

Die Butter in einen Topf geben und bei ganz niedriger Temperatur zerlassen (ideal sind 115°C) und solange ohne Abdeckung köcheln bis das Butterfett sich vom Eiweiß trennt. Das Ganze kann bis zu 2 Stunden dauern.

Der während des Kochens ausflockende Schaum fällt teilweise nach unten und setzt sich am Topfboden ab. Der andere Teil des Schaums schwimmt an der Oberfläche und muss immer wieder mit einem Schaumlöffel entfernt werden. Der Bodensatz sollte möglichst nicht aufgerührt werden, damit er nicht wieder in die Butterschmelze gerät. Sobald das Ghee klar wird vom Herd nehmen (falls es dennoch grisselig sein sollte, die Temperatur leicht steigern). Anschließend das flüssige Ghee durch ein Passiertuch geben (sauberes, feines Baumwolltuch, oder Kaffefilter, dieser muss aber ab und zu ausgewechselt werden). Das Ganze in saubere, dunkle Gläser abfüllen und erkalten lassen. Wichtig: nicht in den Kühlschrank stellen!

Pfifferlinge putzen – ganz einfach!

Jeder weiß, wie mühsam es sein kann, den Wald mitsamt den Tannennadeln aus den Pfifferlingen zu pulen ... da gibt man sich Mühe ... und Mühe ... und zuguterletzt – knirsch! – beißt man doch wieder auf Sand.

Es gibt da eine alt bewährte Methode: Man nimmt einen Topf oder eine Schüssel mit einem Deckel. Gibt die Pfifferlinge in den Topf / Schüssel, gießt soviel Wasser auf, dass die Pfifferlinge bedeckt sind und gibt ca. 6 EL Mehl dazu. Anschließend verschließt man das Ganze und schüttelt es ordentlich durch. Danach nimmt man die Pfifferlinge aus dem Mehlwasser, braust sie gut ab und schleudert sie trocken. Fertig!

Topinambur .... oder ... oder ...

Jerusalemartischocke – Ewigkeitskartoffel – Indianerknolle – Erdbirne – Erdsonnenblume – Rosskartoffel – Borbel – Erdschocke – Knollensonnenblume – Süßkartoffel oder Zuckerkartoffel ...

... ist eine alte indianische Kulturpflanze und stammt aus Nord- und Mittelamerika. Man sagt, französische Auswanderer, die Dank dieser Knolle eine Hungersnot in Kanada überlebt hatten, schickten 1610 einige dieser Knollen nach Europa. In Paris gab man ihr fälschlicherweise den Namen eines brasilianischen Indianerstammes »Topinambour«, der gerade zufällig auf Besuch war. Im Vatikan einigten sich die Gärtner auf den Namen »Girasole Articiocco«, was nichts anderes als Sonnenblumen-Artischocke heißt und im Laufe der Zeit wurde im Englischen daraus Jerusalem-Artischocke. In Südbaden kennt man die Knolle unter dem Namen Ross-Erdapfel, weil sie früher als Pferdefutter diente. Heute wird Topinambur auf fast allen Kontinenten angebaut. Bei uns findet man die Knolle hauptsächlich auf Wochenmärkten oder im Bioladen.

Durch ihren Inhaltsstoff Inulin ist sie besonders verträglich für Diabetiker und ihr Eiweißgehalt ist recht hoch. Topinambur kann man roh oder gekocht verzehren. Ihr Geschmack ist süßlich und erinnert an Artischockenböden. Frittiert sind sie ein Leckerbissen!

Bitte, was ist Verjus?

Der Begriff ist französisch und bedeutet vert = grün / jus = Saft. Verjus ist ein saurer Saft, der durch das Pressen unreifer Trauben erzeugt wird. Es spielt dabei keine Rolle ob von roten oder grünen Trauben, da diese noch unreif geerntet werden. Der Saft ist frei von Konservierungsmitteln und Zusatzstoffen. Seine Säure ist milder als die von Essig, das Aroma vielfältiger und feiner als das von Zitronensaft.

Schon die alten Griechen verwendeten ihn in der Medizin. Im Mittelalter war er unter »Agrest« bekannt. Man verwendete ihn in Europa als Säurungs- und Würzmittel für Speisen und zum Einlegen von Fleisch und Fisch. Wegen seiner angeblich beruhigenden Wirkung auf Magen und Verdauung wurde er als Medizin ebenso empfohlen. Nachdem die Zitronen in Europa Einzug hielten, verlor sich das Interesse an dem sauren Saft. In der Türkei, im Iran und anderen angrenzenden Ländern ist Verjus immer noch Bestandteil in der täglichen Küche. Heute wird Verjus wieder vermehrt in der modernen Küche anstelle von Zitronensaft oder Weinessig eingesetzt. Probieren Sie den »Grünen Saft« doch einfach mal aus.

Himbeer-Dressing

50 ml Himbeer-Essig / 150 ml Rapsöl / 1 TL scharfer Senf / 1-2 TL Honig

Alle Zutaten in einer hohen Schüssel mit dem Zauberstab pürieren und mit etwas Salz, Pfeffer und Zucker abschmecken.

Warum nur konnte ich mich nicht mehr frei in meiner Wohnung bewegen? Mich einfach auf meine Couch setzen, meinen Fuß auf meinen Tisch stellen, um beispielsweise in aller Ruhe einen Kaugummi vom großen Zeh zu polken? Weil es peinlich gewesen wäre. Und warum wäre es peinlich gewesen? Weil ich nicht mehr allein in meinen vier Wänden war, weil ich nicht machen konnte, was ich wollte.

Kati Huhn und Tine Römer, aus: Verflixt und zugemailt, Eulenspiegel Verlag, Berlin 2009

Sich angehören
ist der einzig
begehrenswerte
Lebensluxus.

Ludwig Thoma (1867-1921)

GEMÜSE	JAN	FEB	MÄRZ	APR	MAI
Artischocke	X	X	X	X	X
Aubergine	X	X	X	X	X
Bärlauch	X	X	●	●	●
Basilikum	X	X	X	●	●
Batavia Salat	X	X	X	X	●
Blumenkohl	X	X	X	X	●
Bohnen	X	X	X	●	●
Bohnenkraut	X	X	X	X	X
Brennnessel	X	X	●	●	●
Broccoli	X	X	X	X	X
Brunnenkresse	●	●	●	●	X
Chicoree	●	●	●	●	X
Chinakohl	X	X	X	X	X
Dill	X	X	X	●	●
Eichblatt-Salat	X	X	X	X	X
Endivien-Salat	X	X	X	X	●
Erbsen	X	X	X	X	X
Broccoli	X	X	X	X	X
Estragon	X	X	X	X	X
Feldsalat	●	●	●	●	X
Fenchel	X	X	X	X	X
Gurke	X	X	X	X	X
Grünkohl	●	●	●	X	X
Kartoffel	X	X	X	X	X
Karotte	X	X	X	X	X
Knoblauch	X	X	X	X	X
Kohlrabi	X	X	X	●	●
Koriander	●	●	●	●	●
Kopfsalat	X	X	X	●	●
Kürbis	●	X	X	X	X
Lauch	●	●	●	X	X
Liebstöckl	X	X	X	X	X
Löwenzahn	X	X	X	●	●
Majoran	X	X	X	X	X
Mangold	X	X	X	X	●

JUN	JUL	AUG	SEP	OKT	NOV	DEZ
X	X	●	●	●	X	X
X	X	●	●	●	X	X
X	X	X	X	X	X	X
●	●	●	●	●	●	●
●	●	●	X	X	X	X
●	●	●	●	●	X	X
●	●	●	●	X	X	X
●	●	●	●	X	X	X
●	X	X	X	X	X	X
X	X	●	●	●	X	X
X	X	X	●	●	●	●
X	X	X	X	●	●	●
●	●	●	●	●	●	●
●	●	●	X	X	X	X
X	X	X	●	●	●	X
●	●	●	●	●	●	●
●	●	●	X	X	X	X
●	●	●	X	X	X	X
●	●	●	X	X	X	X
X	X	X	X	X	X	●
X	X	●	●	●	●	X
X	●	●	●	●	X	X
X	X	X	●	●	●	●
●	●	●	●	●	X	X
●	●	●	●	X	X	X
X	X	●	●	●	●	X
●	●	●	●	●	●	X
●	●	●	●	●	●	●
●	●	●	●	●	X	X
X	X	X	●	●	●	●
X	●	●	●	●	●	●
●	●	●	●	X	X	X
●	●	●	●	●	X	X
●	●	●	●	X	X	X
●	●	●	●	X	X	X

GEMÜSE	JAN	FEB	MÄRZ	APR	MAI
Meerrettich	●	●	X	X	X
Minze	X	X	X	X	X
Paprika	X	X	X	X	X
Pastinake	●	X	X	X	X
Petersilie	●	●	●	●	●
Portulak	X	X	X	●	●
Radieschen	X	X	X	X	●
Radicchio	X	X	X	X	X
Rettich	●	●	X	X	X
Rhabarber	X	X	X	●	●
Romana-Salat	X	X	X	X	X
Rosenkohl	X	X	X	X	X
Rote Beete	●	●	●	X	X
Rosmarin	X	X	X	X	●
Rotkohl	●	●	●	X	X
Salbei	X	X	X	X	●
Sauerampfer	X	X	●	●	●
Schnittlauch	●	●	●	●	●
Schwarzwurzel	●	●	●	●	X
Sellerie	●	●	●	X	X
Spargel	X	X	X	●	●
Spinat	X	X	●	●	●
Spitzkohl	●	X	X	X	X
Staudensellerie	X	X	X	X	X
Thymian	X	X	X	X	●
Tomaten	X	X	X	X	X
Topinambur	●	●	●	●	X
Weißkohl	●	X	X	X	●
Wirsing	X	X	X	X	●
Zichorien-Salat	X	X	X	X	X
Zitronenmelisse	X	X	X	X	●
Zucchini	X	X	X	X	X
Zwiebel Frühlingsziebel	X	X	X	X	X
Zwiebel Gemüseziebel	X	X	X	X	X
Zwiebel Schalotte	X	X	X	X	X

JUN	JUL	AUG	SEP	OKT	NOV	DEZ
X	X	●	●	●	●	●
●	●	●	●	X	X	X
●	●	●	●	X	X	X
X	X	X	X	X	●	●
●	●	●	●	●	●	●
●	●	●	●	●	●	●
●	●	X	X	X	X	X
X	●	●	●	●	X	X
X	●	●	●	●	●	●
●	●	X	X	X	X	X
X	X	X	●	●	X	X
X	X	X	●	●	●	●
X	X	X	●	●	●	●
●	●	●	●	X	X	X
X	X	X	●	●	●	●
●	●	●	X	X	X	X
●	●	●	●	●	X	X
●	●	●	●	●	●	●
X	X	X	X	●	●	●
X	X	●	●	●	●	●
●	X	X	X	X	X	X
●	●	●	●	X	X	X
●	X	X	●	●	●	●
X	●	●	●	●	X	X
●	●	●	●	X	X	X
X	●	●	●	●	X	X
X	X	X	X	●	●	●
●	X	X	●	●	●	●
●	X	X	●	●	●	●
X	X	X	X	X	●	●
●	●	●	X	X	X	X
●	●	●	●	●	X	X
●	●	●	X	X	X	X
X	●	●	●	●	X	X
●	●	●	X	X	X	X

OBST	JAN	FEB	MÄRZ	APR	MAI
Apfel	●	●	●	●	X
Aprikose	X	X	X	X	X
Avocado	●	●	●	●	X
Banane	●	●	●	●	●
Birne	●	●	X	X	X
Brombeere	X	X	X	X	X
Clementine	●	●	●	●	X
Erdbeere	X	X	X	X	●
Feige	X	X	X	X	X
Granatapfel	X	X	X	X	X
Hagebutte	X	X	X	X	X
Heidelbeere	X	X	X	X	X
Himbeere	X	X	X	X	X
Holunder	X	X	X	X	X
Johannisbeere	X	X	X	X	X
Kirsche	X	X	X	X	X
Kiwi	●	●	●	●	●
Marone	X	X	X	X	X
Melone	X	X	X	X	X
Mirabelle	X	X	X	X	X
Nektarine	X	X	X	X	X
Orange	●	●	●	●	●
Pfirsich	X	X	X	X	X
Physalis	X	X	X	X	X
Pflaume	X	X	X	X	X
Preiselbeere	X	X	X	X	X
Qiutte	X	X	X	X	X
Sanddorn	X	X	X	X	X
Sauerkirsche	X	X	X	X	●
Schlehe	X	X	X	X	X
Stachelbeere	X	X	X	X	●
Trauben	X	X	X	X	X
Waldpilze	X	X	X	X	X
Zwetschgen	X	X	X	X	X
Zitrone	●	●	●	●	●

JUN	JUL	AUG	SEP	OKT	NOV	DEZ
X	X	X	●	●	●	●
●	●	X	X	X	X	X
X	X	X	X	●	●	●
●	●	●	●	●	●	●
X	X	X	●	●	●	●
X	●	●	●	●	X	X
X	X	X	X	X	●	●
●	●	X	X	X	X	X
X	●	●	●	●	X	X
X	X	X	●	●	●	●
X	X	X	X	●	●	X
X	●	●	X	X	X	X
●	●	●	●	X	X	X
X	X	●	●	X	X	X
●	●	●	X	X	X	X
●	●	●	X	X	X	X
●	●	●	●	●	●	●
X	X	X	●	●	X	X
X	●	●	●	X	X	X
X	X	●	●	X	X	X
X	●	●	●	X	X	X
X	X	X	X	●	●	●
X	●	●	●	X	X	X
X	X	●	●	●	X	X
X	●	●	●	●	X	X
X	X	X	●	●	●	X
X	X	X	●	●	●	X
X	X	●	●	●	X	X
●	●	●	●	X	X	X
X	X	X	X	X	●	●
●	●	●	●	X	X	X
X	X	X	●	●	●	X
X	●	●	●	●	●	X
X	X	●	●	●	X	X
●	●	●	●	●	●	●

Basisrezepte

Ghee	Seite 113
Himbeer-Dressing	Seite 115

Frühlings-Gerichte

Capellini mit Spinat-Tomaten-Knoblauchsauce	Seite 20
Erdbeer-Geflügel-Salat mit Wodka	Seite 17
Gefüllter Kohlrabi mit Geflügelleber und Tomaten-Basilikcreme	Seite 26
Gratinierter Bärlauch mit Frühjahrskartoffeln	Seite 28
Kartoffel-Lasagne mit Rote-Beete-Schaum	Seite 14
Kartoffelspieße mit Rucola-Pesto	Seite 18
Matjesfilets mit Topinambur-Rote-Beete-Ragout	Seite 15
Minz-Kartoffeln mit Knoblauch	Seite 23
Minze-Salat mit paniertem Ziegenkäse	Seite 12
Penne Rigate in Bärlauch-Sahne-Sauce	Seite 21
Penne mit Tomaten-Kräuter-Sauce, Eiern und Büffel-Mozzarella	Seite 30
Schweinemedaillons in Parmesankruste mit Kartoffel-Oliven-Mus	Seite 27
Tagliatelle mit Limonen-Schmand und geräuchertem Lachs	Seite 24

Sommer-Gerichte

Auberginen-Lasagne	Seite 43
Bananenküchlein	Seite 51
Basilikum-Kartoffelsalat mit eingelegten Tomaten	Seite 48
Fischfilet mit glacierten Tomaten und Basilikum-Sauce	Seite 55
Gazpacho-Salat mit Ziegenkäse	Seite 34
Gebackene Mozzarella-Tomaten	Seite 42
Gefüllte Gurken mit Lammhack und Linsen	Seite 46
Gefüllte Paprika mit Pfefferminz-Joghurt-Sauce	Seite 44
Grüne Bohnen in Haselnusscreme	Seite 40
Hähnchen-Kichererbsen-Ragout	Seite 47
Kartoffel-Mais-Suppe	Seite 38
Olivers Jambalaya	Seite 52
Quinoa-Eierkuchen mit Sellerie-Pilzfüllung	Seite 50
Tomaten-Kokossuppe	Seite 39
Zucchini-Püree mit Schafskäse und Oliven	Seite 37

Herbst-Gerichte

Apfel-Hähnchenkeule mit Haselnüssen	Seite 78
Apfel-Lachs-Ragout	Seite 60
Apfel-Kartoffelgulasch	Seite 76
Birnen-Bohnen-Gemüse	Seite 67
Brühe von Roter Beete mit Salbei-Grieß-Klößchen	Seite 72
Camembert mit Cassis-Birnen	Seite 58
Gorgonzola-Wrap mit Fenchel-Birnen-Salat	Seite 62
Lammcurry mit Artischocken	Seite 80
Linsensuppe mit Apfelmeerrettich	Seite 61
Maishähnchenbrust mit geschmorten Pfifferlingen und Gurken	Seite 79
Mohnkartoffeln mit Lauchgemüse	Seite 70
Nudelsalat mit Bratwurstklößchen	Seite 65
Pfifferling-Salat mit Trauben und Kürbiskernmarinade	Seite 73
Pikante Hackbällchen mit Pilzsauce	Seite 68
Räucherlachs-Lauch-Küchlein	Seite 66
Scharfe Hähnchenkeule mit Kürbis und Spinat	Seite 75

Winter-Gerichte

Apfel-Rösti mit Meerrettich und panierter Blutwurst	Seite 92
Feigen-Chicoree-Toast	Seite 96
Forellenfilet im Topinambur-Kartoffelmantel	Seite 107
Gebratene Lammlachse an Aprikosen-Rotwein-Sauce	Seite 101
Honighähnchen mit Linsen-Kraut	Seite 108
Karamellisierter Radicchio mit Orangenfilets	Seite 84
Linguine mit Zwiebelconfit, Ziegenkäse und Walnusskernen	Seite 103
Linsen-Avocado-Salat	Seite 88
Mamas Käsespätzle	Seite 94
Maronen-Lauch-Pfanne	Seite 87
Parmesan-Polenta mit Honig-Balsamico-Sauce	Seite 100
Rahm-Linsen mit Knoblauch und Minze	Seite 93
Schwarzbrotknödel mit Wirsinggemüse	Seite 104
Topinambur-Kartoffelsuppe	Seite 86
Wildlachsfilet auf Chicoree	Seite 91
Zanderfilet mit Rieslingsauce, Schwarzwurzeln und Spinat	Seite 106

Oliver Schneider

Nach seiner Ausbildung zum Koch arbeitete er über 12 Jahre weltweit in den verschiedensten Spitzenrestaurants. Unter anderem im Zwei Sterne Restaurant Wald & Schlosshotel Friedrichsruhe und bei Eckart Witzigmann und in Harolds Guest House in Edinburgh.

Sein Interesse an der Kochkunst brachte ihn schließlich auch nach China, wo er durch seine Tätigkeit im Pearl River Restaurant in Guilin die Gelegenheit bekam, seine heute so erfolgreiche Kochphilosophie: »Frisches und gesundes Essen für wenig Geld« zu entwickeln.

Seit 2007 betreibt er in Frankfurt am Main sehr erfolgreich seine Kochschule Olivers Art of Cuisine. Seine Kochkurse sind über Monate hinaus ausverkauft.

Im November 2008 hat Oliver Schneider den Club der Gastrosophen ins Leben gerufen. Hier bekommt jeder, der sich für bewusstes Essen interessiert, die Möglichkeit, interessante Menschen kennenzulernen und mit ihnen gemeinsam zu kochen und zu essen.

http://www.olivers-frankfurt.de

»Der Gourmand verdirbt sich oft den Magen; der Gourmet tut dies vielleicht langsamer, aber gemütlicher. Der Gastrosoph wird im Gegenteil selbst eine geschwächte Gesundheit durch kluges Verhalten wieder herzustellen wissen.«

Aus: Die Lehre von der Weisheit des Essens (1851) von Friedrich Christian Eugen Freiherr von Vaerst

Einen ganz besonderen Dank

möchte ich meinen Gastrosophinnen und Gastrosophen aussprechen, ohne euch wäre dieses Buch nicht zustande gekommen. Daher bedanke ich mich für eure Unterstützung und Hilfe. Ein dickes Dankeschön an:

Steffen, Herrmann, Stephan, Claudia, Anne, Angelika, Elisabethe, Vito, Astrid, Ute, Martina, Paolo, Maria, Anna, Ilse, Ursula, Doris, Volker, Carola, Joachim, Ellen, Adriane, Ralf, Karsten, Angela, Elke, Monika, Sabine, Esther, Silke, Wolfgang, Andreas, Andrea, Aykut, Desiree, Alexia, Kerstin, Naoko, Frank, Sibylle, Brigitte, Susanne, Daniela, Stefanie, Alvydas, Heike, Magdalena, Kiwi, Stups, Schnecke, Dose, Gaby, Matz, Armin, Sigrid, Marion, Anke, Kristina, Florian, Thomas, Janina, Peter, Mathias, Klaus, Ulli, Matthias, Henning, Gunther, Sonja, Johannes, Viola, Jan Eric, Bettina, Marc, Gudrun, Simone, Aneta, Juliane, Sieglinde, Gisela, Martin, Natascha, Patrick, Berryl, Petra, Jürgen, Dennis, Romana, Anja, Margit, Philipp, Alexander, Alexandra, Friederike, Hendrik, Arnd, Michael, Tanja, Julia, Gisela, Horst, Tina, Karsten, Antje, Michael, Nicole, Andre, Manuela, Nadine, Bernd, Katja, Lena, Paula, Dagmar, Yvonne, Ulrich, Inga, Melanie, Barbara, Udo, Rita, Rako, Gerhard, Joe, Emma, Sandra und Olli.

Unsere Empfehlung aus der Kochbuchserie:

Olivers Kochschule - Erotik Küche

Mit einem verführerischen Mahl bleibt ein raffinierter Abend unvergessen. Denn ein lustvolles Essen zu zweit kann Höhepunkt und Beginn zugleich sein. Verwöhnen Sie sich und ihren Gast mit allem, was zu einem reizvollen Gericht dazugehört und entdecken Sie, wie anregend bereits die Zubereitung ist.

Es muss nicht immer teuer und exotisch sein. Oliver Schneiders erotische Rezepte bedienen sich meist regionaler Produkte, um ein prickelndes Menü zu gestalten. Probieren Sie es aus: Aufregendes Kochen kann so einfach sein!

128 Seiten, ca. 17 x 24 cm, geb.
51 Rezepte mit 30 ganzseitigen, farbigen Fotografien
ISBN 978-3-86214-002-2
[D] 14,95 € / [A] 15,40 €